Легкие закуски и бутерброды

УДК 64
ББК 36.991
  Л34

FRESH WAYS WITH
SNACKS AND CANAPÉS

BY THE EDITORS OF TIME-LIFE BOOKS
/ HEALTHY HOME COOKING / THE TIME-LIFE
BOOKS-AMSTERDAM, 1988

Перевод с английского
В. МЯГКИХ

Легкие закуски и бутерброды / Пер. с англ. В. Мягких.— М.:
Л34 ТЕРРА—Книжный клуб, 1998. — 144 с.: ил. — (Энциклопедия
вкусной и здоровой пищи).
  ISBN 5-300-01710-8

   Книга предлагает новые способы приготовления и оформления угощений
для официальных и дружеских встреч. Представлены малокалорийные легкие
закуски на все случаи жизни: холодные закуски, горячие, бутерброды, блюда
для приготовления в микроволновой печи. Все рецепты составлены в соответствии с современными нормами здорового питания. Красочные фотографии
облегчат вам приготовление разнообразных блюд.

УДК 64
ББК 36.991

ISBN 5-300-01710-8

Authorized Russian edition © 1998 TERRA—Book Club.
Original edition © 1988 Time-Life Books B.V. All rights reserved.
Second European English language printing 1991.
No part of this book may be reproduced in any form, by any electronic or mechanical
means, including information storage and retrieval devices or systems, without prior written
permission from the publisher, except that brief passages may be quoted for review.

TIME-LIFE is a trademark of Time Warner Inc. U.S.A.

© ТЕРРА—Книжный клуб, 1998

Редактор *И. Аветисова*
Художественный редактор *И. Сайко*
Технический редактор *Н. Привезенцева*
Корректоры *Н. Кузнецова,*
Т. Семочкина, Л. Чуланова
Компьютерная верстка *А. Павлова*

ЛР № 030129 от 23.10.96 г.
Подписано в печать 16.02.98 г.
Печать офсетная.
Уч.-изд. л. 15,3. Цена 48 р.

ТЕРРА—Книжный клуб. 113184, Москва,
Озерковская наб., 18/1, а/я 27.

ЭНЦИКЛОПЕДИЯ ВКУСНОЙ И ЗДОРОВОЙ ПИЩИ

Легкие закуски и бутерброды

ТЕRRA

МОСКВА ТЕРРА—КНИЖНЫЙ КЛУБ 1998

Содержание

Гостеприимный стол 7
Ключ к здоровому питанию 8
Хлеб и печенье 10
Белый хлеб 10
Хлеб из непросеянной муки 10
Питы из непросеянной муки 10
Сухое печенье 11
Тост Мельба 11
Овсяное печенье 11

1 Холодные закуски 13

Коктейль-крутоны 14
Сырные шарики 14
Претцельз 15
Пикантное печенье 16
Овсяные сырные палочки 16
Кунжутные крекеры 17
Острый соус с авокадо 18
Острые перцы 18
Соус и свежие овощи 19
Соус из турецкого горошка
и йогурта 20
Рыбный соус 20
Фаршированные яйца
и сельдерей 22

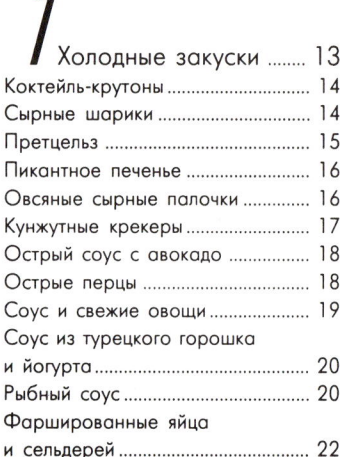

Как очистить сладкий перец 22
Анисовые блинчики с соусом 23
Лабне коктейль шарики 24
Финики с брезаола
и сыром Моццарелла 25
Канапе с икрой 25
Суши Сезам 26
Суши авокадо с оливками
и перцем 26
Рулет суши 28
Чернослив с диким рисом
и индейкой 28
Шарики с грибами и орехами 30
Хрустящие розетки с бобами
и грибами 31
Томаты с начинкой 32
Овощное пюре на молодых
стручках гороха 33
Грибы с артишоками 34
Палочки с рыбой и цитрусами 35
Канапе с икрой сельди 36
Тосты с анчоусами 37
Дублинские креветки 38
Рулеты с копченой семгой 39
Суши с креветками
и морскими водорослями 40
Розетки с морскими
гребешками, лимоном
и эстрагоном 41
Кольца из кальмаров 42
Подготовка тушки кальмара 43
Рулет из лосося и камбалы
со шпинатом 44
Морская смесь 45
Баранина с бургхулом 46
Паштет из кролика 47
Свинина с томатным соусом
и сладким укропом 48
Канапе со свининой и сыром 49
Овощное заливное 50
Канапе с аспарагусом 51

Морские канапе 51
Канапе с уткой 52
Канапе с цыпленком 53
Канапе с яйцом и водным
крессом 53

2 Горячие блюда 55

Хрустящие плантаны 56
Острый турецкий горошек 56
Попкорн с приправами 57
Гречишные блины с тертым
сыром 58
Тарталетки с начинкой 59
Суфле куржет 60
Фунтики с сыром Фета 61
Игольчатые канапе
с картофелем 62
Овощные блинчики с йогуртом 63
Трехцветные тортеллини
с грибами 64
Лепим тортеллини 64
Молодой картофель
с сыром Пармезан 66
Соус с томатами и анчоусами 66
Сладкий лук и куржет
с начинкой 67
Сворачивание треугольных
конвертов 68
Миниатюрные самоса 68
Кальционе со шпинатом и сыром 69
Тарталетки с начинкой
из баклажанов, томатов
и крабов 70
Пицца-тарталетки 71

Сосиски из баклажанов	72
Сигара Борек с аспарагусом и сыром Пармезан	73
Подготовка креветки	74
Креветки с имбирем	74
Мидии на раковине	76
Подготовка томатов	76
Острая рыбная закуска	77
Шарики с начинкой из эскалопа и лимона	78
Конверты с семгой	79
Тосты с креветками и кунжутом	80
Гужоны с укропом и соусом с корнишонами	81
Рулеты из бекона и белой рыбы	82
Палтус по-киевски	83
Полумесяцы с рыбной начинкой	84
Рулеты с палтусом и лимоном	85
Сосиски из даров моря	86
Обжаривание на сковороде	86
Куриные крылышки со специями	87
Куриные кофта (шарики)	88
Миниатюрные рулеты	89
Крученая индейка	90
Фунтики со свининой	91
Таитянские конверты	92
Конверты из рисовой бумаги	92
Таитянские шампуры	94
Кольца с начинкой	95
Телятина с орехами и абрикосами	96
Лодочки с острой мясной начинкой	97
Приготовление сосисок	98
Маленькие говяжьи сосиски	98
Рулеты с сосисками	99
Колечки с беконом и финиками	100
Бычье сердце на шампурах	101

3 Сэндвичи и острые закуски ... 103

Сэндвичи с огурцами	104
Рулеты с лососем и водным крессом	105
Разноцветные рулеты	106
Пирог с морскими продуктами	107
Пирог с курятиной и аспарагусом	108
Сэндвич с креветками и крабовым мясом	110
Сэндвич с лососем и авокадо	110
Сэндвич с мясом цыпленка и фигами	111
Сэндвичи с ростбифом и редисом	111
Тосты с томатами и проскуитто	112
Сэндвич Провансаль	113
Сэндвич с креветками и чесноком	114
Булочка с начинкой	115
Тортиллы с мясом и зеленью	116
Питы с курятиной и апельсином	117
Тост с грибами и подливой	118
Маффины с мидиями и аспарагусом	119
Запеченные устрицы	120
Подготовка устрицы	120
Тосты с козьим сыром	121
Пицца с тунцом	122
Кальцоне	123
Ароматные фокаччио	124
Пицца с курицей и грецкими орехами	125
Галеты из моллюсков	126
Испанские треугольные тортиллы	127
Подготовка дикого лука (черемши)	127

4 Блюда из микроволновой печи ... 129

Питы с овощами	129
Овощные тартиллы	130
Цикорий с овощным пюре	131
Острый кокосовый соус с крабами и кукурузные лепешки	132
Канапе с лососем и шпинатом	133
Рулет с арахисом и шпинатом	134
Картофель с черемшой и беконом	135
Глазированные ножки цыпленка	136
Говядина с ананасом на шпажке	137
Пицца с овощами	138
Куриный бульон	139
Овощной бульон	139
Рыбный бульон	139
Приложение	140
Словарь	140
Алфавитный указатель	141

Гостеприимный стол

Всем известно, что «есть для того, чтобы жить» следует, придерживаясь определенного распорядка. Но нам частенько приходится перекусывать между основными приемами пищи, уступая соблазну или подчиняясь необходимости. В гостях ли у друзей или на официальном приеме порой невозможно отказаться от предложенного угощения. Да и как может гость не разделить трапезу с хозяином! Однако нерегулярное питание не должно разрушать наш организм. Правильно приготовленные легкие закуски, которые мы с удовольствием поглощаем проголодавшись, могут быть полноценными и полезными.

Эта книга предлагает новые способы приготовления и оформления угощений для официальных и дружеских встреч. Вы не найдете здесь рецептов слишком калорийных или очень острых блюд. Вместо этого мы представляем самые разнообразные легкие закуски на все случаи жизни.

В книге — 4 главы. Первые две — рецепты праздничных блюд. В главе 1-й рассматривается приготовление холодных закусок. В главе 2-й — горячих. 3-я глава посвящена бутербродам или сэндвичам. 4-я глава составлена из рецептов для приготовления блюд в микроволновой печи. Все приведенные рецепты были составлены в соответствии с современными нормами здорового питания. Особое внимание уделено использованию свежих, натуральных продуктов и минимальному употреблению жиров и соли.

Масло мы предлагаем добавлять в небольших количествах, а сливки заменить низкокалорийным йогуртом. Мясо и птицу необходимо тщательно очищать от жира и пленок.. Различные специи придадут блюдам неповторимый аромат. Слишком густые и калорийные соусы с успехом можно заменить легкими маринадами. Как можно чаще подавайте богатые витаминами свежие фрукты и овощи.

Умеренность, а не строгое воздержание, — основной принцип разработки рецептов для этой книги. Определенное количество жира, например, совершенно необходимо для поддержания тонуса человеческого организма, а также для процесса трансформации поглощенной пищи в жизненно важную энергию. Но избыток употребления жира, особенно перенасыщенных жиров, обнаруженных в жирном мясе и молочных продуктах, по мнению специалистов, ведет к развитию болезней сердца, тучности, нарушению пищеварения и даже, согласно последним исследованиям, некоторым формам рака.

Интересно, что именно те закуски, устоять против которых сложнее всего, содержат наибольшее количество подобных вредных жиров. Это относится в основном к картофельным и кукурузным чипсам, которые приобретают свой золотистый оттенок и так аппетитно хрустят благодаря приготовлению в сосуде с кипящим жиром. К счастью, существуют и другие способы добиться того же эффекта.

Вместо привычного обжаривания на сковороде рекомендуется готовить мясо на гриле или в сотейнике, с небольшим количеством масла, что гораздо полезнее. Небольшие, «на один укус» пикантные печенья с различными вкусовыми добавками по выбору хозяйки не сравнятся с приобретенными в магазине. А слегка поджаренные зерна кукурузы с успехом заменят соленые орешки.

Соль долгое время была предметом споров. Она традиционно присутствует в большинстве блюд и определенное ее количество необходимо. Но практически каждый, кто придерживается западной кухни (любой ее разновидности), потребляет соли в избытке.

Тем, у кого проблемы с давлением, врачи советуют бессолевую диету или даже полное исключение соли из рациона. В наших рецептах соль частично заменяют специи и вкусовые добавки.

Любимые блюда со всего света

В этой книге собраны оригинальные рецепты со всего мира. Испанская кухня предлагает омлет из перца и картофеля с использованием только одного яйца на порцию. Провансальская — винегрет в сэндвиче, незаменимый для пикников на пляже. Восток — несколько разнообразных блюд от «турецкого» горошка до печений в форме сигары. Экзотическое блюдо — бычье сердце с красным перцем, жаренное на вертеле, — из Перу. Из Китая — тосты с креветками и кунжутом и салаты из даров моря. Из Японии — суши — элегантная смесь свежей рыбы, риса и морских водорослей.

ВВЕДЕНИЕ

Ключ к здоровому питанию

Здесь представлены только рецепты, прошедшие проверку специалистов-диетологов. Секрет правильного питания состоит в сбалансированном потреблении разнообразных продуктов. Многие сейчас едят слишком сладкую, слишком соленую или слишком калорийную пищу, что негативно сказывается на их здоровье.

Когда вы планируете угощение, следует позаботиться о том, чтобы меню было достаточно разнообразным и сбалансированным с точки зрения калорий, протеинов и других питательных веществ. Чтобы облегчить себе задачу, чаще сверяйтесь с таблицей, приведенной в начале каждого рецепта.

Пояснения к таблице

Приведенная ниже таблица дает рекомендации по нормативному потреблению различных питательных веществ. Цифры иногда могут варьироваться в зависимости от страны, но основные моменты остаются практически неизменными. Данные по средней дневной норме калорий и протеинов взяты из отчетов Британского департамента здоровья и социальной безопасности; ежедневная норма потребления жиров рекомендуется в соответствии с исследованиями Национального комитета по диетологии; данные по содиуму и холестеролу предоставила Всемирная организация здоровья.

Эта книга так же, как и другие книги из этой серии, не претендует на роль учебника по диетологии. Скорее, она демонстрирует разумный подход к приготовлению пищи с достаточным количеством соли, сахара, сливок, масла и хлеба в умеренных пропорциях. Мы также стремимся использовать много приправ, чтобы сделать пищу вкусной и полезной.

Мы бы хотели напомнить, что наилучшие результаты всегда получаются при приготовлении блюда из свежих и качественных продуктов. Большинство требуемых ингредиентов доступны в обычных магазинах, но за некоторыми придется съездить в специализированные лавки или бакалеи.

На кухне лучше иметь несколько разных по величине сотейников и сковородок с антипригарным покрытием — все они потребуются в процессе приготовления. Мы отдаем предпочтение использованию растительного и оливкового масла вместо сливочного масла или маргарина, так как в них содержатся вещества, понижающие содержание холестерола в крови.

Время приготовления пищи

Мы знаем, как нелегко иногда спланировать время для приготовления разнообразных блюд и постарались облегчить вам эту задачу. В каждом рецепте мы указываем, сколько времени потребуется на подготовку ингредиентов и сколько — на приготовление самого блюда, включая маринование, замораживание и другие необходимые в каждом случае процессы. Приготовление блюд из свежих продуктов займет чуть больше времени, чем распаковывание полуфабрикатов, но вкусная и здоровая пища, по нашему мнению, стоит того.

Калории **180**
Протеин **6 г**
Холестерол **70 мг**
Жиры **8 г**
Содиум **70 мг**

Рекомендуемое количество потребления полезных веществ

		Средняя дневная норма		Максимальная дневная норма		
		КАЛОРИИ	ПРОТЕИН	ХОЛЕСТ.	ЖИРЫ	СОДИУМ
			г	мг	г	мг	мг
Женщ.	7-8	1900	47	300	80	2000
	9-11	2050	51	300	77	2000
	12-17	2150	52	300	81	2000
	18-53	2150	54	300	81	2000
	54-74	1900	47	300	72	2000
Мужч.	7-8	1980	49	300	80	2000
	9-11	2280	57	300	77	2000
	12-14	2640	66	300	99	2000
	15-17	2880	72	300	108	2000
	18-34	2900	72	300	109	2000
	35-64	2750	69	300	104	2000
	65-74	2400	60	300	91	2000

Миниатюрная закуска

На многих праздниках предполагается, что гости будут не сидеть за столом, а свободно ходить по залу, разговаривать друг с другом. На таких собраниях лучше подавать закуски, которые легко и удобно взять руками. Например, крошечные сэндвичи или рулеты, томаты или грибы с начинкой, сырные палочки. Можно подать множество соусов, с которыми будут отлично сочетаться остальные блюда. Мы также рекомендуем тарталетки с различной начинкой, они всегда пользуются популярностью. Можно подать и холодные и горячие закуски, например, куриные крылышки, мидии на раковинах или индейку на шпажках.

Блюда для торжественных приемов

Многие блюда, описанные в этой книге, легко приготовить за несколько минут, но встречаются и такие, на которые придется потратить не один час. Но для вдохновенного повара провести несколько часов на кухне, чтобы поразить гостей новым кулинарным шедевром, не проблема.

Многие блюда, представленные в этой книге, как будто бы специально придуманы для торжественных праздников: похожие на драгоценности сверкающие канапе с заливным, фаршированные яркими овощами грибы, хрустящие тарталетки с изысканным креветочным соусом, куриные или рыбные многослойные пироги — все обязательно произведет впечатление на гостей. Но мы бы хотели посоветовать вам сначала опробовать любое новое для вас блюдо на более скромном празднике или просто в кругу семьи, где вам простят неудачи или поаплодируют вашему успеху.

Планирование меню

Если кажется, что сделать надо так много всего, а времени совсем нет, то попробуйте прислушаться к нескольким советам. Тесто для пиццы и кальцоне можно приготовить заранее и хранить в холодильнике. То же самое относится и к тесту для блинчиков и тарталеток. Многим соусам несколько часов ожидания перед подачей на стол пойдут только на пользу, улучшив их вкус. Если вы планируете грандиозный вечер со множеством приглашенных, то уделите время тщательному планированию меню, чтобы оставить на последнюю минуту приготовление одного-двух блюд. Подавайте сначала холодные закуски, а потом — горячие.

Не забудьте позаботиться и о том, чтобы блюда эстетично смотрелись на столе, расположите их на красивых подносах и украсьте зеленью или дольками цитрусов.

Поскольку среди гостей всегда может оказаться хотя бы один вегетарианец, позаботьтесь подать несколько блюд, удовлетворивших бы его вкус.

Составление подобных стратегических планов, конечно же, не имеет смысла, если впереди дружеская встреча или семейная вечеринка.

Хлеб и печенье

Хлеб — важная составляющая большинства закусок. Не обойтись и без толстых ломтей пшеничного хлеба и без крошечных крекеров или французских батонов с хрустящей корочкой.

Лучше всего использовать не свежеиспеченный хлеб, а тот, который полежал день: его легче резать и вообще обрабатывать. Мы бы хотели обратить ваше внимание на то, что разные сорта хлеба по-разному сочетаются с различными продуктами. Например, хлеб из непросеянной муки не подойдет для бутербродов-канапе, потому что легко крошится, зато с ним получаются отличные сэндвичи. Темные ароматные сорта хлеба из муки грубого помола лучше всего подходят для сэндвичей с копченой рыбой или мясом, поскольку они не впитывают соус. Французские батоны можно разрезать вдоль, слегка удалить сердцевину и нафаршировать. Или порезать кружочками для канапе. Восточные питы чаще всего режут пополам и заполняют рыбой, мясом, сыром и овощами. Слегка поджаренные тосты и сухие печенья подают с йогуртами или густыми соусами.

Следует учитывать, что полежавший примерно день хлеб гораздо легче резать и формовать, чем только что испеченный. Мы рекомендуем резать хлеб острым ножом с длинным лезвием или покупать уже нарезанные батоны, чтобы все куски были одинаковыми.

Буханка белого хлеба

Подготовка: 30 минут	
Приготовление: 3 часа	
свежих дрожжей или 7 г сухих	15 г
пшеничной муки	750 г
соли	2 ч.л.
маргарина	30 г

Калории **2,850**	
Протеин **75 г**	
Холестерол **0 мг**	
Жиры **33 г**	
Содиум **2,600 мг**	

Положить свежие дрожжи в 450 мл теплой воды, тщательно размешать вилкой, чтобы не осталось комочков, и оставить на 10 минут. Всыпать просеянную муку и соль в кастрюлю и добавить туда маргарин.

Сделать в муке углубление и вылить туда дрожжи, энергично размешивая. Затем выложить тесто на ровную поверхность и месить руками 10—15 минут, пока оно не станет однородным и эластичным. Не добавлять слишком много муки, чтобы тесто не было сухим. (Можно замесить тесто и с помощью специальной кухонной машины, но в этом случае не забудьте уточнить, какой объем теста машина может обработать за один раз.)

Придать тесту форму шара и положить его в чистую, слегка присыпанную мукой кастрюлю. Накрыть пленкой и оставить в теплом (не жарком!) месте на 45 минут или 1 час. Тесто должно увеличиться в два раза в объеме. Оно должно легко уминаться обратно в кастрюлю.

Выложить тесто на слегка присыпанную мукой поверхность и придать ему первоначальный объем, удалив пузырьки воздуха. Для этого месить тесто 2—3 минуты. Смазать маргарином форму для выпечки. (Рекомендуемые размеры формы: 24 x 14 x 7,5см.)

Поместить тесто в форму и накрыть пленкой. Поставить снова в теплое место на 30 — 45 минут, пока тесто, поднявшись, не заполнит всю форму.

Разогреть духовку до 230 °С. Удалить пластиковую пленку и выпекать 35—40 минут, пока хлеб не станет золотисто-коричневым и не поднимется над краями формы.

При постукивании по днищу должен раздаваться глухой, «пустой» звук. Остудить готовую буханку, затем вынуть из формы.

Хлеб из непросеянной муки

Подготовка: 30 минут	
Приготовление: 3 часа	
свежих дрожжей или 15 г сухих	30 г
непросеянной пшеничной муки	750 г
неочищенного сахара	1 ст.л.
соли	2 ч.л.
маргарина	60 г

Калории **2,900**	
Протеин **103 г**	
Холестерол **0 мг**	
Жиры **64 г**	
Содиум **2,840 мг**	

Испеките хлеб, следуя данному выше рецепту, добавив к муке и соли сахар.

Питы из непросеянной муки

16 шт.
Подготовка: 40 минут
Приготовление: 2 часа 15 минут

свежих дрожжей или 15 г сухих	30 г
непросеянной муки	500 г
белой пшеничной муки	250 г
соли	2 ч.л.
оливкового масла	2 ст.л.

Калории **170**
Протеин **6 г**
Холестерол **0 мг**
Жиры **3 г**
Содиум **150 мг**

Руководствуйтесь рецептом по приготовлению белого хлеба.

Добавить оливковое масло в муку одновременно с разведенными дрожжами. Поместить поднявшееся тесто 3—4 минуты, затем разделить на 16 равных частей и придать каждому кусочку форму шара. Накрыть их пластиковой пленкой.

Раскатать куски теста скалкой, чтобы они достигли размера 17,5 см в диаметре. Затем сложить питы на слегка присыпанную мукой поверхность и накрыть чистым полотенцем. Оставить их в теплом месте на 20 минут. Разогреть духовку до максимально возможной температуры.

Смазать маслом несколько противней и подержать их в горячей духовке 10 минут. Быстро положить питы на противни и выпекать 10 минут, пока они не поднимутся. Снять готовые питы с противней и остудить.

Сухое печенье

36 шт.
Подготовка: 20 минут
Приготовление: 35 минут

пшеничной муки	250 г
соли	0,5 ч.л.
соды	1,5 ч.л.
маргарина	60 г

Калории **35**
Протеин **1 г**
Холестерол **0 мг**
Жиры **2 г**
Содиум **50 мг**

Разогреть духовку до 190 °C. Смазать маслом несколько противней. Всыпать муку, соль и соду в сосуд. Ввести в смесь маргарин и сделать углубление в центре. Добавить 5—6 столовых ложек воды и тщательно перемешать, чтобы не было комочков.

Замесить тесто на слегка присыпанной мукой поверхности. Раскатать как можно тоньше. Наколоть тесто вилкой в нескольких местах. Нарезать круги по 7,5 см в диаметре и выложить их на противни. Собрать остатки теста, снова раскатать их и нарезать круги.

Выпекать печенья 10—15 минут, пока они не станут золотисто-коричневыми. Снять с противней и остудить.

ПРИМЕЧАНИЕ: печенья можно по-разному ароматизировать.

Тост Мельба

40 тостов
Подготовка: 10 минут
Приготовление: 1 час

1/2 большой буханки белого хлеба 3—4-дневной давности	

Калории **35**
Протеин **1 г**
Холестерол **0 мг**
Жиры **2 г**
Содиум **50 мг**

Разогреть духовку до 170 °C. Срезать с хлеба корки и порезать буханку тонкими ломтиками. Разрезать каждый кусок пополам по диагонали.

Полученные треугольники поместить на противень и выпекать 5 минут в духовке, пока хлебцы не станут бледно-золотистого цвета. Тосты подают холодными или теплыми.

ПРИМЕЧАНИЕ: тосты могут храниться в воздухонепроницаемой пленке до 2 недель.

Овсяное печенье с луком

40 шт.
Подготовка: 20 минут
Приготовление: 45 минут

125 г молотых овсяных зерен	
125 г пшеничной муки	
1 ч.л. соды	
1/4 ч.л. соли	
1 ст.л. мелко порубленного лука	
90 г маргарина	

Калории **40**
Протеин **1 г**
Холестерол **0 мг**
Жиры **2 г**
Содиум **40 мг**

Разогреть духовку до 180 °C. Смазать маслом несколько противней. Положить овес, муку, соль, соду и лук в сосуд и тщательно перемешать. Ввести в смесь маргарин. Сделать углубление в центре, добавить 3 столовых ложек кипятка и перемешать. Замесить тесто на слегка присыпанной мукой поверхности и раскатать в пласт толщиной 3 мм. Нарезать круги диаметром 5 см и положить их на противень. Раскатать остатки теста и нарезать из них новые круги. Выпекать печенья 20—25 минут, пока они не пропекутся и не станут светло-коричневыми.

ПРИМЕЧАНИЕ: печенья можно хранить в воздухонепроницаемой пленке до 7 дней.

1 Японские суши перед свертыванием в рулет. Яркие полоски свежих овощей и лимона бросаются в глаза.

Холодные закуски

К приходу гостей столы должны быть накрыты. Холодные закуски поэтому готовят заранее и красиво располагают на блюдах.

В этой главе мы предлагаем несколько интригующих новшеств наряду со знакомыми блюдами, которые мы сделали более легкими и полезными. Фаршированные яйца, например, мы наполнили низкокалорийным плавленым сыром вместо привычного майонеза. Сырные палочки сделаны из теста, которое на 2/3 состоит из муки грубого помола и овсяных хлопьев. А восточный соус с турецким горошком приготовлен на основе йогурта, а не оливкового масла, как раньше. Многие блюда, описанные ниже, могут быть приготовлены задолго до торжества, что освободит вам последние минуты перед приемом. Различные крекеры и сухие печенья можно испечь за 3 дня и, остудив, хранить завернутыми в пленку.

Соусы можно хранить в холодильнике 1—2 дня безо всякого ущерба их вкусовым качествам. Остальные угощения следует готовить в день праздника. Овощи лучше сервировать как можно позже, чтобы они не потеряли свежесть, а канапе с икрой — делать в самую последнюю минуту. Самые броские, но и отнимающие наибольшее время — канапе с желе. Их подготовку следует тщательно планировать. Овощное желе можно сделать примерно за день, как и рубленое мясо утки или цыпленка. Но собрать все ингредиенты нужно не более чем за 20 минут до подачи на стол, чтобы желе было свежим, но и успело бы застыть.

Коктейль-крутоны

200 крутонов
Подготовка: 30 минут
Приготовление: 45 минут

На 5 крутонов:
Калории **40**
Протеин **1 г**
Холестерол **4 мг**
Жиры **2 г**
Содиум **4 мг**

кусков хлеба из муки грубого помола 12х10 см	12
несоленого масла	60 г
горчицы	1 ст.л.
чеснок (растолочь)	2 зубчика
мелко порубленной петрушки	2 ст.л.
соли	1/4 ч.л.
кайенского перца	1/8 ч.л.
натертого сыра Пармезан	30 г

Разогреть духовку до 220 °C. Смазать маслом противни.

Удалить с хлеба корки. Сложить масло, горчицу, петрушку, чеснок и перец в кастрюлю. Перемешивать, пока не образуется однородная масса. Смазать каждый кусок хлеба получившимся «маслом», посыпать сыром и порезать на 18 треугольников или квадратов.

Выложить хлеб на противни и поставить в духовку на 10—15 минут, пока треугольники не станут золотисто-коричневыми и хрустящими. Подавать теплыми или холодными.

Сырные шарики

350 шт.
Подготовка: 40 минут
Приготовление: 1 час

На 5 шариков:
Калории **65**
Протеин **1 г**
Холестерол **25 мг**
Жиры **4 г**
Содиум **65 мг**

пшеничной муки	125 г
соли	1/4 ч.л.
яйца	2
яичный белок	1
маргарина	90 г
сыр пармезан	60 г
1 зубчик чеснока	
мелко порезанного лука	2 ст.л.
смеси сухих ароматических трав	1 ст.л.

Разогреть духовку до 220 °C. Покрыть противни бумагой и приготовить 3 бумажных пакета с отрезанным уголком. Насыпать муку и соль на небольшой лист жиронепроницаемой бумаги. Взбить вместе 2 яйца и 1 яичный белок. Положить маргарин в сотейник и залить его 1/4 литра холодной воды. Подогреть воду, пока не растает маргарин, а затем довести до кипения. Снять сосуд с огня и всыпать в него муку, энергично размешивая деревянной ложкой. Поставить сосуд снова на огонь и помешивать несколько секунд, пока не образуется комок, легко отделяющийся от днища. Снять с огня.

Постепенно добавить яйца, постоянно взбивая деревянной ложкой или миксером.

Ввести сыр и чеснок. Размешать. Выложить 1/3 полученной пасты в пакет. Другую треть — в другой пакет и добавить туда лук. Оставшуюся смесь ароматизировать сушеными травами и положить в 3-й пакет.

Выдавливать содержимое пакетов на противни, формуя «капельки» по 1 см в диаметре. Выпекать 20—25 минут, пока не получатся золотисто-коричневые хрустящие шарики. Убедившись в готовности, немедленно удалить шарики с противней и остудить.

Подавать холодными, через 1—2 часа.

ПРИМЕЧАНИЕ: *тесто в пакетах может храниться в холодильнике примерно 2 часа.*

Претцельз

Разогреть духовку до 200 °C. Намазать маслом противни.

Всыпать муку, соль, соду в сосуд. Добавить размягченный маргарин и травы. Сделать углубление в центре, влить туда 5 столовых ложек кипятка и быстро перемешать. Затем выложить полученную массу на слегка присыпанную мукой поверхность и замесить.

Разделить тесто на 40 частей. Раскатать каждый кусочек теста руками в тонкую ленту длиной 30 см. Сделайте из полоски завиток, так, чтобы её концы дважды пересеклись, и прижмите свободные концы к полукругу. Положить претцельз на противни, слегка смазать яйцом и посыпать сыром. Выпекать в течение 15 минут, пока претцельз не станут коричневатыми. Остудить и подавать холодными.

ПРИМЕЧАНИЕ: *претцельз могут храниться в воздухонепроницаемой пленке до 2-х дней.*

На 5 претцельз:
Калории **185**
Протеин **5 г**
Холестерол **35 мг**
Жиры **11 г**
Содиум **205 мг**

40 шт	
Подготовка: 45 минут	
Приготовление: 1 час	
пшеничной муки	125 г
муки грубого помола	60 г
соли	1/4 ч.л.
соды	1/2 ч.л.
ароматических трав	1 ч.л.
маргарина	90 г
взбитое яйцо	1
тертого сыра Пармезан	30 г

Пикантное печенье

На 5 печений:
Калории **85**
Протеин **2 г**
Холестерол **20 мг**
Жиры **6 г**
Содиум **120 мг**

150 шт.
Подготовка: 30 минут
Приготовление: 40 минут

пшеничной муки	175 г
соли	1/2 ч.л.
соды	1/2 ч.л.
маргарина	90 г
сыра Чеддер	90 г
яйцо	1
пряного порошка	1 ч.л.
чеснока	1 зубчик
мелко нарубленной петрушки	2 ст.л.

Разогреть духовку до 220 °C. Смазать маслом несколько противней

Всыпать муку, половину соли и соду в сосуд. Ввести маргарин, сыр и яйцо и перемешать чтобы не осталось комочков.

Замесить тесто на слегка присыпанной мукой ровной поверхности и раскатать в пласт примерно 45x30 см. Фигурным ножом нарезать тесто на полоски шириной 2 см. Разрезать каждую полоску на несколько частей. Положить небольшие печенья на противни и выпекать 8—10 минут, пока они не станут золотисто-коричневыми. Как только печенья будут готовы, посыпать одну их часть пряным порошком.

Растолочь зубчик чеснока с оставшейся солью и смешать с петрушкой. Всыпать туда не ароматизированные еще печенья и перемешать. Подавать печенья на 2-х разных блюдах.

Овсяные сырные палочки

В 5-ти палочках:
Калории **65**
Протеин **2 г**
Холестерол **20 мг**
Жиры **5 г**
Содиум **90 мг**

Выход: 100 палочек
Приготовление: 1 час

зерен овса	60 г
пшеничной муки	60 г
соды	1/2 ч.л.
сухой горчицы	1/2 ч.л.
кайенского перца	1/4 ч.л.
маргарина	60 г
сыра Чеддер	60 г
сыра Памезан	30 г
яйцо	1
нежирное молоко	

Разогреть духовку до 200 °C. Намазать маслом противни.

Перемолоть овсяные зерна в муку. Всыпать

пшеничную муку, соду, соль, горчицу и кайенский перец в миску. Добавить туда овсяную муку и маргарин. Перемешать. Добавить половину сыра Чеддер и Пармезан, потом яйцо и замесить тесто. Выложить массу на слегка присыпанную мукой поверхность и месить несколько минут. Затем раскатать тесто в пласт 30х22 см. Аккуратно обрезать края, сбрызнуть тесто молоком и посыпать остатками сыра.

Разрезать тесто в длину на 3 равные полоски. Затем — каждую полоску — поперек, формуя палочки по 5 мм в ширину. Положить палочки на противни так, чтобы они не соприкасались. Выпекать 10—15 минут, пока палочки не станут золотистыми. Осторожно снять их с противней и остудить

Тем временем собрать обрезки теста и снова их раскатать. Вырезать кружки 5 см в диаметре и удалить центр, чтобы получились колечки. Положить их на противни и выпекать 6—8 минут. Осторожно снять с противней и остудить.

Перед подачей на стол продеть по несколько палочек в каждое колечко. Оставшиеся палочки подать отдельно.

Кунжутные крекеры

Выход: 100 шт
Подготовка: 30 минут
Приготовление: 55 минут

На 5 крекеров:
Калории **95**
Протеин **3 г**
Холестерол **20 мг**
Жиры **5 г**
Содиум **70 мг**

пшеничной муки	250 г
соли	1/4 ч.л.
соды	3/4 ч.л.
несоленого масла	60 г
сыра чеддер, натереть	90 г
яйцо	1
зерен кунжута	30 г

Разогреть духовку до 200 °C. Намазать маслом противни.

Смешать в миске муку, соль, соду и масло. Добавить тертый сыр и сделать в центре углубление. Влить туда 5 столовых ложек воды и замесить тесто. Раскатать тесто на слегка посыпанной мукой поверхности в очень тонкий пласт. Наколоть вилкой в нескольких местах и вырезать кружки по 3 см в диаметре. Снова раскатать остатки теста и нарезать из него кружки.

Смазать крекеры взбитым яйцом и посыпать зернами кунжута.

Выпекать 20—25 минут, пока печенья не станут золотистыми и хрустящими. Подавать холодными.

Острый соус с авокадо

12 порций
Подготовка: 15 минут
Приготовление: 3 часа

Состав:
Калории **105**
Протеин **2 г**
Холестерол **0 мг**
Жиры **11 г**
Содиум **35 мг**

спелых авокадо	4
свежего лимонного сока	1 ст.л.
оливкового масла	1 ст.л.
острый зеленый перец	1
зубчик чеснока	1
мелко порезанная луковица	1
1 ст.л. мелко порезанного свежего кориандра	
соли	1/4 ч.л.
молотый черный перец	

> **Внимание!**
>
> Сухие и свежие острые перцы требуют осторожного обращения. Их мякоть и зерна содержат масла, раздражающие кожу рук и слизистую оболочку глаз. Мы рекомендуем защитить руки резиновыми перчатками и избегать дотрагиваться до глаз во время приготовления. Перец можно сделать менее острым, если подержать его в холодной воде. Если же вы используете консервированный перец, то не забудьте промыть его под струей воды.

Разрезать авокадо пополам и удалить косточки. Положить мякоть в миску и размять вилкой. Влить туда сок лимона и оливковое масло. Добавить красный перец, чеснок, лук, кориандр, соль и немного черного перца. Перемешать и дать постоять не меньше 3 часов. Подавать с хлебными палочками.

Соус
и свежие овощи

10 порций
Подготовка: 1час 30 минут
Приготовление: 5 часов

Состав:
Калории **105**
Протеин **5 г**
Холестерол **2 мг**
Жиры **6 г**
Содиум **165 мг**

несоленого куриного бульона (стр. 139)	15 цл
шафрана	1 ч.л.
очищенных земляных орехов	125 г
оливкового масла	1 ст.л.
мелко порезанная луковица	1
мелко порезанных зубчика чеснока	4
имбирного корня, очищенного и порезанного	30 г
кориандра	2 ч.л.
кардамона	1 ч.л.
низкокалорийного йогурта	30 ч.л.
соли	1/2 ч.л.
черный перец	
нарезанного зеленого лука	2 ч.л.
мелко порубленой петрушки	1 ч.л.
Овощи на шпажках	
дайконского очищенного редиса	175 г
мелкой редиски, обрезать кончики	175 г
очищенной моркови	175 г
палочек сельдерея	175 г
небольшой сладкий красный перец	1
небольшой сладкий зеленый перец	1
небольшой сладкий желтый перец	1

Разогреть духовку до 220 °C. Вскипятить в сотейнике куриный бульон и тут же снять с огня. Добавить шафран, перемешать и оставить на 30 минут. Разложить орехи на противне и подсушить в духовке 6—8 минут, пока с них не слезет кожица. Очистить орехи. Подогреть масло в сотейнике; добавить лук и подержать на огне 8—10 минут. Всыпать чеснок и перемешать.

Перемешать имбирь, кориандр, кардамон, йогурт, орехи и шафран до получения однородной массы. Затем соединить с содержимым сотейника. Подержать сотейник на небольшом огне примерно 20 минут, пока смесь не загустеет. Добавить соль и черный перец. Перелить в глубокое фарфоровое блюдо; накрыть пленкой, чтобы не образовалась корочка, и оставить в холодильнике на 3—4 часа или на ночь.

Готовить овощи непосредственно перед подачей. Порезать их фигурным ножом, придавая различные формы, и нанизать на шпажки. Перемешать соус перед подачей на стол и посыпать зеленым луком и петрушкой. Поставить соус на столе рядом с овощами.

ПРИМЕЧАНИЕ: овощи можно также порезать длинными палочками и разложить вокруг соуса.

Соус из турецкого горошка и йогурта

ОДИН ИЗ ВАРИАНТОВ ЭТОГО БЛЮДА НАЗЫВАЕТСЯ НА БЛИЖНЕМ ВОСТОКЕ — ГУМУС.

6 порций
Подготовка: 15 минут
Приготовление: около 2-х часов

Состав:
Калории **145**
Протеин **9 г**
Холестерол **2 мг**
Жиры **3 г**
Содиум **160 мг**

сухого турецкого горошка	250 г
тахини	2 ст.л.
сок лимона	2
молочного йогурта	125 мл
растертых зубчика чеснока	3
соли	1/2 ч.л.
молотый черный перец	
красный перец-паприка	
мелко порубленная петрушка	

Промыть турецкий горошек под струей холодной воды. Выложить его в сотейник с толстым дном и залить холодной водой. Горошек должен быть покрыт водой на 5 см. Удалить всплывшие горошины. Закрыть сотейник крышкой и довести воду до кипения. Варить 2 минуты, затем снять с огня и оставить в тепле на 1 час. (Вместо этого вы можете вымачивать горошек в холодной воде несколько часов.)

Когда горошек станет мягким, промыть его в дуршлаге под струей воды. Вернуть горошек в сотейник и снова залить водой. Варить горошек примерно 45—60 минут. (По мере выкипания воды добавлять свежую.) Затем промыть его снова под струей воды и остудить.

Обработать миксером горошек, тахини, йогурт, чеснок, сок лимона, соль и перец до получения однородной массы. Выложить пасту на блюдо. Перед подачей на стол посыпать паприкой и петрушкой.

Советуем подавать со свежими хлебными палочками.

Рыбный соус

6 порций
Подготовка: 15 минут
Приготовление: 20 минут

белого хлеба без корок	90 г
очищенной копченой трески	90 г
нежирного сыра	60 г
сок половины лимона	
чеснока	1 зубчик
молотый черный перец	
корки лимона для украшения	

Состав:
Калории **80**
Протеин **6 г**
Холестерол **0 мг**
Жиры **3 г**
Содиум **120 мг**

Положить белый хлеб на несколько минут в воду, затем отжать.

Тщательно перемешать миксером рыбу, хлеб, сыр, лимонный сок, чеснок и черный перец.

Выложить полученное пюре на блюдо и украсить корками лимона.

Советуем подавать со свежими хлебными палочками.

Положить яйца в кастрюлю и залить холодной водой. Довести до кипения и варить 10 минут. Снять с огня и промыть под струей холодной воды.

Подготовить овощи. Вымыть и высушить палочки сельдерея. Порезать их так, чтобы они были не длиннее 15 см. Нарезать красный перец тонкими полосками; отложить из них 12, а остальные измельчить. Проделать то же самое с 1/3 зеленого перца. (Остатки перца вам не понадобятся.)

Очистить яйца, разрезать каждое пополам в длину и удалить желтки. Протереть желтки и сыр Рикотта через сито, добавить плавленый сыр, соль, немного черного перца и 2 столовых ложки мелко порезанного зеленого лука. Тщательно перемешать.

Выложить смесь в кулинарный шприц с фигурной насадкой среднего размера. Выдавить содержимое шприца на яйца и палочки сельдерея.

Посыпать яйца оставшимся луком и украсить каждое полоской красного перца. Высыпать рубленый зеленый и красный перец на палочки сельдерея, затем разрезать их на куски длиной 2,5 см.

Красиво расположить яйца и сельдерей на блюдах и подавать.

ПРИМЕЧАНИЕ: неиспользованный красный перец можно хранить в холодильнике 3—4 дня.

Фаршированные яйца и сельдерей

Приготовление: 40 минут

Состав:
Калории **15**
Протеин **1 г**
Холестерол **10 мг**
Жиры **1 г**
Содиум **30 мг**

яиц	6
сельдерея	8 палочек
небольшой сладкий красный перец, очищенный	1
небольшой сладкий зеленый перец, очищенный	1
сыра Рикотта	125 г
любого свежего сыра	100 г
соли	1/4 ч.л.
молотый черный перец	
мелко порезанного зеленого лука	3 ст.л.

Как очистить сладкий перец

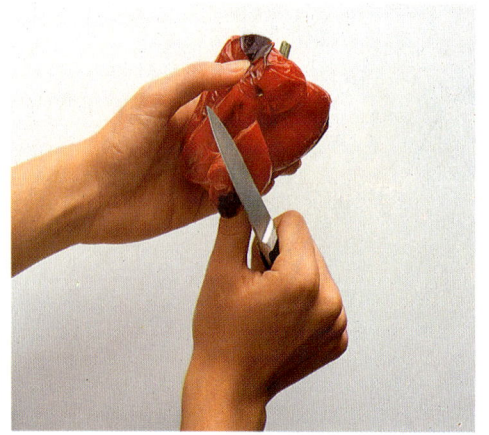

УДАЛЕНИЕ КОЖУРЫ. Подержите перец некоторое время в подогретой духовке, пока его кожица не вздуется. Затем поместите перец в герметично закрытый сосуд, чтобы под воздействием пара кожица стала мягкой. Очистите кожуру острым ножом сверху донизу.

Анисовые блинчики с соусом

24 блинчика
Подготовка: 30 минут
Приготовление: 1 час

Состав:
Калории **40**
Протеин **1 г**
Холестерол **10 мг**
Жиры **1 г**
Содиум **5 мг**

Для блинчиков

пшеничной муки	125 г
соли	1/4 ч.л.
яйцо	1
молока	150 мл
анисового спирта	1 ст.л.
оливкового масла	1 ст.л.
порезанного зеленого лука	2 ст.л.
земляного аниса (по желанию)	1/4 ч.л.

Для соуса

густого йогурта	175 г
горчицы	1/2 ст.л.
тертой кожуры лимона	1 ч.л.
меда	1 ч.л.
рубленого базилика или 6 листочков молодого щавеля	2 ст.л.

Всыпать муку и соль в сосуд. Сделать углубление в центре, влить молоко и ввести яйцо. Добавить 1/4 пинты (примерно 150 мл) воды и все тщательно перемешать. Когда не останется комочков, ввести анисовый спирт, лук и оливковое масло. Оставить постоять на 30 минут. Тесто должно иметь консистенцию жидких сливок. Если оно гуще, необходимо разбавить его водой.

Разогреть сковородку для блинчиков. Налить в нее немного растительного масла и распределить его по всей поверхности с помощью бумажной салфетки. Вылить на сковороду 3 ст. л. теста, наклоняя ее так, чтобы тесто равномерно растеклось по дну. Перевернуть блинчик, как только он подрумянится и будет отделяться от сковороды. Поджарить его с другой стороны. Положить готовый блинчик на тарелку. Выпекать блинчики, пока не кончится тесто. Время от времени добавлять в сковороду понемногу растительное масло. Сложить готовые блинчики на тарелку и накрыть полотенцем.

Разогреть духовку до 190 °C. Острым ножом или кухонными ножницами разрезать каждый блинчик на 4 части. Свернуть каждую четверть втрое и положить на слегка смазанный маслом противень. Выпекать в течение 15 минут, затем остудить.

Приготовление соуса. Смешать йогурт, горчицу, кожуру лимона, мед и базилик или щавель. Подавайте охлажденным.

Лабне коктейль шарики

ЛАБНЕ — ЭТО ВОСТОЧНЫЙ ГУСТОЙ ЙОГУРТ, КОТОРЫЙ ТРАДИЦИОННО ДЕЛАЮТ ИЗ ОВЕЧЬЕГО МОЛОКА.

24 шарика
Подготовка: 20 минут
Приготовление: 26 часов

На 3 шарика:
Калории **70**
Протеин **3 г**
Холестерол **10 мг**
Жиры **3 г**
Содиум **35 мг**

густого йогурта из овечьего молока	500 г
зерен кориандра, слегка поджаренных	2 ч.л.
поджаренной овсянки	2 ст.л.
подсушенных маковых зерен	2 ч.л.
смеси мелко порубленных свежих трав: петрушки, зеленого лука, мяты, эстрагона, цедры лимона	4 ст.л.

Поместить большое сито на глубокий сосуд и аккуратно выложить на него йогурт.

Оставить на 2 часа, чтобы проследить за началом отделения сыворотки. Герметично закрыть сито и поставить в холодильник на 24 часа.

Добавить в полученное лабне зерна кориандра и тщательно перемешать. Разложить на мелкие тарелки овсянку, мак и травы.

Скатать из йогурта небольшие шарики и обвалять их в приготовленных смесях. До подачи на стол оставить в холодильнике.

ПРИМЕЧАНИЕ: *лабне можно приготовить заранее и держать в холодильнике 2—3 дня. Мак, овсянку и кориандр поджаривают в течение нескольких минут на большом огне, постоянно встряхивая сковороду.*

Финики с брезаола и сыром Моццарелла

30 порций
Приготовление: 15 минут

Состав:
Калории **20**
Протеин **1 г**
Холестерол **1 мг**
Жиры **2 г**
Содиум **40 мг**

оливкового масла	1 ст.л.
молотый черный перец	
сыра Моццарелла, порезанного палочками по 5х1х1см	125 г
свежих фиников, разрезанных пополам, без косточек	15
брезаола, порезанного полосками шириной 1 см	30 г
листья петрушки для украшения	

Налить оливковое масло в мелкую тарелку, всыпать туда черный перец и выложить сыр Моццарелла. Аккуратно покрыть сырные палочки маслом. Разложить половинки фиников на блюда. Обмотать палочки Моццарела лентами брезаола и положить их на финики. Подавать украшенными листьями петрушки.

Канапе с икрой

18 канапе
Приготовление: 15 минут

Состав:
Калории **20**
Протеин **1 г**
Холестерол **10 мг**
Жиры **1 г**
Содиум **55 мг**

темного ароматного хлеба	3 куска
плавленого сыра	150 г
черной икры	20 г
красной икры	20 г

Каждый кусок хлеба разрезать на 6 квадратов и положить их на блюда.

Намазать немного плавленого сыра на каждый кусочек, чтобы края хлеба остались видны. На половину канапе положить по 1/4 ч. л. черной икры, а на нее — немного красной. На остальные канапе сначала класть красную икру, а затем черную.

Подавать немедленно.

Суши Сезам

По этому рецепту суши заворачивают в нори — темно-зеленые сушеные водоросли, слегка поджаренные перед использованием.

16 суши
Подготовка: 40 минут
Приготовление: 1 час 30 минут

риса суши	200 г
соли	1 ч.л.
сахара	2 ч.л.
рисового уксуса	3 ст.л.
зерен кунжута	1 ст.л.
соевого соуса	1 ч.л.
немного тахини	1 ст.л.
нори	2 листа

Состав:
Калории **65**
Протеин **2 г**
Холестерол **0 мг**
Жиры **1 г**
Содиум **75 мг**

Положить рис в большую кастрюлю и залить холодной водой, помешать и слить воду. Повторить эту процедуру 3 раза, чтобы как можно лучше промыть рис. Слить воду и оставить рис в дуршлаге на 45 минут.

Положить рис в сотейник, залить 1/4 литра воды и довести до кипения. Накрыть крышкой и варить 10 минут на небольшом огне. Растворить соль и сахар в 2 ст. л. уксуса и смешать с рисом.

Подсушить зерна кунжута на сковороде, пока они не приобретут золотистый цвет.

Смешать 2 ч. л. уксуса с соевым соусом и тахини, добавить еще немного уксуса, если смесь получилась слишком густой. В отдельном сосуде смешать оставшийся уксус с 3 ст. л. воды. Взять один лист нори, подержать его несколько секунд над пламенем и положить на бамбуковую салфетку, длинной стороной к себе. Смочить пальцы водой с уксусом и равномерно распределить половину риса на нори, слегка утрамбовывая его кончиками пальцев. Ножом с широким лезвием или ложкой выложить пасту тахини на рис. Отложить несколько зерен кунжута для украшения, а остальные высыпать на рис. Свернуть лист нори с помощью бамбуковой салфетки *(рис. 28)*. Подсушить второй лист нори, выложить на него оставшийся рис, тахини и кунжут и так же свернуть. Разрезать каждый рулет на 8 частей, выложить на блюда и посыпать кунжутом.

ПРИМЕЧАНИЕ: *можно использовать короткий итальянский рис вместо риса суши.*

Суши авокадо с оливками и перцем.

24 суши
Подготовка: 50 минут
Приготовление: 1час 30 минут

риса суши	150 г
соли	1/2 ч.л.
сахара	1 1/2 ч.л.
лимон: сок и 1/4 срезанной кожуры	1
луковицы	2
авокадо	1/2
небольшого сладкого красного перца	1/2
черных маслин без косточек	20
порошка васаби	1/8 ч.л.
рисового уксуса	1 ч.л.
нори	4 листа

Состав:
Калории **40**
Протеин **1 г**
Холестерол **0 мг**
Жиры **2 г**
Содиум **35 мг**

Положить рис в большой сосуд и залить водой. Помешать и осторожно слить. Повторить этот процесс еще дважды, откинуть рис на дуршлаг и оставить на 45 минут.

Выложить рис в сотейник, залить 1/4 литра воды и довести до кипения на большом огне. Уменьшить огонь, накрыть сотейник крышкой и тушить рис 10 минут. Выключить плиту и оставить сотейник на 10—15 минут. Растворить соль и сахар в 2 столовых ложках лимонного сока и смешать с рисом. Кожуру лимона бланшировать в кипящей воде 5 секунд, затем опустить в холодную воду, слить и обсушить полотенцем. Нарезать кожуру лимона и лук тонкими полосками.

Очистить авокадо и порезать палочками по 5 мм шириной. Полить палочки лимонным соком, чтобы они не потеряли цвет. Нарезать перец узкими полосками. Разрезать маслины пополам и удалить кончики. Смешать порошок васаби с небольшим количеством воды до образования пасты.

Смешать в небольшом сосуде уксус и 3 столовых ложки воды. Срезать 1/3 каждого листа нори ножницами и выбросить. Разделить рис на 4 порции. Подсушить лист нори над огнем в течение нескольких секунд, затем положить его на бамбуковую салфетку длинной стороной к себе. Смочить кончики пальцев в разведенном уксусе и выложить 1 порцию риса на нори, покрыв 3/4 листа. Слегка утрамбовать рис кончиками пальцев.

Смазать рис по центру пастой васаби. На пасту положить половинки оливок, палочки авокадо, перец, лук и кожуру лимона. С помощью бамбуковой салфетки свернуть лист нори, как показано на стр. 28.

Скатать еще 3 таких же рулета, используя оставшиеся ингредиенты. Каждый рулет разрезать на 6 частей, часто протирая нож влажной салфеткой. Подавать на плоских блюдах.

ПРИМЕЧАНИЕ: *вместо риса суши можно использовать любой другой рис, а порошок васаби — заменить сухой горчицей.*

Рулет суши

1 *Положить бамбуковую салфетку на плоскую поверхность; покрыть сверху листом нори; следуя рецепту, расположить ингредиенты на листе; осторожно приподнять край салфетки и начать сворачивание.*

2 *Сворачивать по направлению от себя, придерживая кончиками пальцев и нажимая ладонями, чтобы утрамбовать рис.*

Состав:
Калории **25**
Протеин **2 г**
Холестерол **5 мг**
Жиры **0 г**
Содиум **30 мг**

Чернослив с диким рисом и индейкой

14 порций
Подготовка: 30 минут
Приготовление: 1 час 30 минут

дикого риса	30 г
крепкого несоленого куриного или говяжьего бульона (см. стр. 139) или вода	1/4 л
крупных ягод чернослива	14
мелко порубленной копченой индейки или курицы	60 г
соли	1/4 ч.л.
черный перец	
мелко рубленного зеленого лука	1 ст.л.

Положить рис в сотейник, залить бульоном или водой, довести до кипения. Тушить 50—60 минут на небольшом огне. Слить оставшуюся жидкость и остудить.

Сделать на каждой ягоде чернослива продольный надрез.

Смешать индейку с рисом, посолить, поперчить. Начинить полученной массой ягоды чернослива. Украсить зеленым луком и подавать.

ПРИМЕЧАНИЕ: *сухой чернослив следует подержать 10 мин в кипящей воде, сбрызнуть мадерой и удалить косточки.*

Шарики с грибами и орехами

30 шариков
Подготовка: 1час 10 минут
Приготовление: 1час 30 минут

Состав:
Калории **50**
Протеин **2 г**
Холестерол **25 мг**
Жиры **4 г**
Содиум **40 мг**

несоленого масла	60 г
пшеничной муки	75 г
соли	1/4 ч.л.
яйца	2
паприка	
Для грибной начинки	
несоленого масла	30 г
грибов	750 г
небольшая луковица	1
чеснока	1 зубчик
мелко порезанного свежего эстрагона	2 ст.л.
тертого мускатного ореха	1/2 ч.л.
соли	1/4 ч.л.
черный молотый перец	
коньяка	1 ст.л.
уксуса	1 ст.л.
хлебных крошек	2 ст.л.
орехов	30 г

Приготовление начинки. Растопить масло в сковороде; выложить туда грибы и обжаривать их на небольшом огне 2—3 минуты. Добавить лук, чеснок, эстрагон, мускатный орех, соль и перец и подержать на огне еще 7—10 минут. Шумовкой выложить грибы из сковороды.

К оставшемуся соусу добавить коньяк и уксус. Поставить сковороду снова на огонь и выпаривать жидкость, пока не останется 2—3 столовых ложки.

Вылить соус на грибы. Миксером превратить грибы в фарш; добавить хлебные крошки и кусочки орехов и снова все тщательно перемешать. Полученная масса не должна быть слишком сырой. Чтобы избежать этого, добавьте еще хлебных крошек. Хранить начинку в холодильнике.

Разогреть духовку до 220 °C. Противни покрыть фольгой или пергаментной бумагой. Просеять муку и соль и слегка взбить яйца.

Приготовление теста. Налить в сотейник 150 мл воды; положить туда масло. Поставить сотейник на небольшой огонь и растопить масло. Довести до кипения, снять с огня и добавить муку и соль, постоянно помешивая. Вновь поставить на небольшой огонь и держать на плите, пока тесто не будет образовывать шар, свободно отделяющийся от кастрюли. Снять с огня и постепенно добавить яйца, постоянно помешивая.

Используя кулинарный шприц с насадкой 1 см в диаметре, сделать 30 небольших шариков и выложить их на противни. (Вместо шприца можно использовать чайную ложку.) Шарики должны получиться гладкими.

Выпекать шарики, пока они не поднимутся и не станут золотистого цвета, примерно 20—25 минут. Вынуть готовые шарики из духовки и наколоть острым ножом, чтобы выпустить пар, и вернуть в духовку на 4—5 минут. Снять шарики с противней и остудить.

Начинять шарики незадолго до подачи. Срезать верхушки, положить внутрь фарш и снова накрыть. Посыпать каждый шарик паприкой.

ПРИМЕЧАНИЕ: *подавать теплыми; начинить и поставить на 5 минут в духовку, разогретую до 220 °C.*

Хрустящие розетки с бобами и грибами

36 розеток
Подготовка: 40 минут
Приготовление: 1 час 20 минут

Состав:
Калории **30**
Протеин **1 г**
Холестерол **5 мг**
Жиры **1 г**
Содиум **30 мг**

пшеничной муки	125 г
соли	1/4 ч.л.
яйцо	1
молока	150 мл
светлого пива	150 мл
растительного масла	1 ст.л.
оливкового масла	1/2 ч.л.
Начинка	
очищенных бобов	250 г
свежего кервеля	15 г
йогурта	150 мл
зернистой горчицы	1 ст.л.
соли	1/4 ч.л.
небольших грибов, насухо вытертых и порезанных	250 г

Приготовление теста. Просеять муку, добавить соль, сделать в центре углубление и добавить яйца, молоко и большую часть пива. Все тщательно перемешать, постепенно всыпая еще муку, до исчезновения комочков. Добавить растительное масло и оставить постоять 30 минут. Тесто должно иметь консистенцию жидких сливок; если оно гуще — добавить оставшееся пиво.

Нагреть сковороду на среднем огне. Вылить туда оливковое масло и равномерно распределить по дну бумажной салфеткой. Положить столовую ложку теста на сковороду и придать ему форму круга в 7,5 см в диаметре. Сделать еще 2 подобных блинчика, если осталось место на сковороде. Подержать на огне примерно 1 минуту и перевернуть. Снять через 15—30 секунд и переложить на тарелку. Выпекать блинчики, пока не закончится тесто. Должно получиться примерно 36 блинчиков.

Разогреть духовку до 190 °C. Выложить блинчиками формочки-бриоши, причем формы не нужно смазывать маслом, и поставить в духовку на 10—15 минут. Вынуть из духовки и остудить.

Приготовление начинки. Вскипятить в сотейнике 1 литр воды, всыпать туда фасоль и варить 8—10 минут, а затем откинуть на дуршлаг. Отложить несколько листочков кервеля для украшения, а остальной кервель мелко порубить и смешать с йогуртом, солью и горчицей. Очистить фасоль и выложить ее в приготовленный соус вместе с грибами.

Наполнить розетки начинкой, украсить листьями кервеля и тут же подавать.

ПРИМЕЧАНИЕ: *если наполнить розетки начинкой заранее, то тесто может размокнуть.*

Томаты с начинкой

20 томатов
Приготовление: 30 минут

На 1 порцию:
Калории **20**
Протеин **1 г**
Холестерол **0 мг**
Жиры **2 г**
Содиум **25 мг**

мелких томатов	250 г
диетического несладкого творога	125 г
базилика, порубить	2 ч.л.
соли	1/8 ч.л.
молотый черный перец	
листья петрушки для украшения	

Срезать нижнюю часть томатов и вынуть зерна и сок чайной ложкой. Протереть мякоть через сито. Смешать творог, соль, базилик, немного молотого черного перца и примерно 3 чайных ложки томатного сока, чтобы получилась однородная масса. Наполнить ею кондитерский шприц с фигурной насадкой диаметром 1 см и осторожно начинить томаты. Украсить каждый томат листом петрушки и подавать.

Овощное пюре на молодых стручках гороха

36 порций
Подготовка: 30 минут
Приготовление: 45 минут

	стручков очень молодого гороха без горошин	125 г
	Для морковного пюре	
На 3 порции с морковным пюре:	моркови, очистить и порезать кружками по 5 мм толщиной	125 г
Калории **25**	молотого тмина	0,25 ч.л.
Протеин **2 г**	плавленого сыра	1 ст.л.
Холестерол **0 мг**	свежих хлебных крошек	2 ч.л.
Жиры **0 г**	соли	0,2 ч.л.
Содиум **20 мг**	белый перец	
	Для горохового пюре с мятой	
На 3 порции с гороховым пюре:	луковицы, мелко порубить	3
Калории **40**	несоленого масла	1 ч.л.
Протеин **3 г**	свежего гороха, очистить; или 125 г мороженого гороха, оттаять	350 г
Холестерол **2 мг**	мелко порезанной свежей мяты	0,5 ч.л.
Жиры **1 г**	плавленого сыра	1 ст.л.
Содиум **15 мг**	свежих хлебных крошек	2 ч.л.
	соли	0,2 ч.л.

Положить стручки гороха в кастрюлю, залить кипятком и тут же откинуть на дуршлаг и остудить под струей холодной воды.

Приготовление морковного пюре. Сложить морковь в сотейник, залить холодной водой, добавить тмин, довести до кипения и варить 15—20 минут. Слить жидкость в другой сосуд, снова поставить ее на огонь и выпаривать, пока не останется примерно 1 чайная ложка сока. Протереть морковь через сито и добавить оставшуюся жидкость. Если пюре кажется слишком водянистым, положить его в сотейник и подсушить на небольшом огне. Добавить плавленый сыр, хлебные крошки, приправить солью и перцем.

Приготовление горохового пюре. Слегка поджарить лук на сковороде с маслом, добавить горошек и 2 столовых ложки воды. Поставить на небольшой огонь и выпарить воду, затем снять с огня, добавить мяту и хорошо перемешать. Превратить горошек в пюре (миксером) и перемешать с плавленым сыром, хлебными крошками и солью до получения однородной массы.

Аккуратно выложить пюре на стручки гороха и подавать.

Грибы с артишоками

20 порций
Подготовка: 30 минут
Приготовление: 40 минут

На 1 порцию:
Калории **20**
Протеин **0 г**
Холестерол **0 мг**
Жиры **2 г**
Содиум **35 мг**

шляпок грибов, ножки удалить	20
лимон, выдавить сок	1
сливочного маргарина	30 г
Для начинки	
небольших артишока или 2 крупных, удалить сердцевины	4
красного винного уксуса	2 ч.л.
дижонской горчицы	0,5 ч.л.
соли	0,2 ч.л.
молотый черный перец	
зубчик чеснока, раздавить	1
молотого кардамона	0,2 ч.л.
оливкового масла	1 ст.л.
петрушки, порубить	1 ст.л.
листья петрушки для украшения	

Положить шляпки грибов в глубокий сосуд, залить лимонным соком и несколько раз встряхнуть. Оставить в прохладном месте на 5—10 минут.

Варить артишоки в кипящей воде 5—6 минут, затем слить жидкость и остудить артишоки под струей холодной воды. Растопить в глубокой сковороде маргарин и положить в него шляпки грибов, круглыми сторонами вниз. Накрыть сковороду крышкой и поставить на средний огонь на 2—3 минуты. Грибы должны стать мягкими, но не потерять при этом своей формы. Шумовкой вынуть грибы из сковороды и положить остывать на бумажные полотенца.

Приготовление начинки. Смешать уксус, горчицу, соль, немного перца, чеснок, кардамон, масло и петрушку. Добавить мелко порезанные артишоки и снова тщательно перемешать. Осторожно выложить полученную смесь в шляпки грибов, украсить листьями петрушки и подавать.

ПРИМЕЧАНИЕ: *можно фаршировать и сырые шляпки грибов, по вкусу.*

Палочки с рыбой и цитрусами

60 порций
Подготовка: 1 час
Приготовление: 6 часов

Состав:
Калории **25**
Протеин **5 г**
Холестерол **15 мг**
Жиры **1 г**
Содиум **70 мг**

филе пикши	500 г
огурца	1/2
апельсина	3
оливкового масла	1 ст.л.
дижонской горчицы	1 ч.л.
молотый черный перец	
мелко рубленного базилика	2 ст.л.

Для цитрусового маринада

оливкового масла	1 ст.л.
лимонного сока	4 ст.л.
измельченной петрушки	2 ст.л.
соли	1/4 ч.л.
молотый черный перец	

Промыть филе под струей холодной воды и обсушить бумажными салфетками. Удалить с филе кожицу и кости. Разрезать филе в длину полосками шириной 1 см. Разрезать полоски поперек, чтобы получилось 60 кубиков. Удалить все оставшиеся кости.

Приготовление маринада. Смешать масло, лимонный сок, петрушку, соль и перец. Выложить кусочки филе в маринад. Закрыть рыбу в маринаде крышкой и поставить в холодильник минимум на 5 часов, время от времени переворачивая рыбу.

Примерно за час до оформления палочек приготовить огурец и апельсины. Очистить огурцы, разрезать в длину и удалить косточки. Порезать кубиками, сложить в глубокую тарелку и оставить на 30 минут. Небольшим острым ножом снять с апельсинов кожуру и прозрачную кожицу. Разрезать на 60 кубиков. Смешать масло, горчицу, черный перец и 1 ст. л. апельсинового сока, добавить базилик. Залить апельсиновые кубики полученным маринадом и оставить постоять.

Оформление палочек. Промыть рыбу и огурцы под струей холодной воды. Насадить рыбу, кусочки огурцов и апельсин на палочки. Держать в холодильнике до подачи на стол.

Канапе с икрой сельди

24 порции
Приготовление: 25 минут

Состав:
Калории **20**
Протеин **1 г**
Холестерол **30 мг**
Жиры **1 г**
Содиум **35 мг**

икры сельди	250 г
растительноо масла	1 ч.л.
дижонской горчицы	1/2 ч.л.
сливок	1 ст.л.
сока лимона	1/2 ч.л.
мелко порезанного лука	2 ч.л.
кайенского перца	1/2 ч.л.
ржаного хлеба, нарезать небольшими кусочками	1 буханка
небольших каперса, очищенных и промытых	24

Вымыть сельдь, обрезать плавники, вытереть насухо. Разогреть масло на сковороде и слегка обжарить рыбу в горчице на небольшом огне в течение 4—5 минут. Вынуть ложкой икру и переложить ее в сито. Дать стечь жидкости и протереть через сито. Смешать со сливками, лимонным соком, луком и кайенским перцем.

Нарезать 24 небольших ломтика хлеба. Положить икру на хлеб.

Украсить канапе луком и каперсами и подавать.

Тосты с анчоусами

Состав:
Калории **50**
Протеин **1 г**
Холестерол **5 мг**
Жиры **4 г**
Содиум **180 мг**

16 порций
Подготовка: 15 минут
Приготовление: 40 минут

тонких ломтя хлеба	4
филе анчоусов	45 г
маргарина	60 г
сока лимона	1/2 ч.л.
кайенского перца	1/8 ч.л.
петрушка или кожура лимона для украшения	

Разогреть духовку до 180 °C. Нарезать хлеб ломтиками в форме ромбов. Положить в духовку и выпекать, пока тосты не станут золотистыми с обеих сторон. Переворачивать, если необходимо. Вынуть из духовки и остудить.

Отложить 4 филе анчоусов. Остальные филе истолочь в ступке. Постепенно ввести маргарин, сок лимона, кайенский и черный перец. Тщательно перемешать.

Намазать полученную массу ровным слоем на хлеб. Нарезать оставшиеся анчоусы длинными узкими полосками и положить их на каждый тост.

Подавать украшенными петрушкой или лимонной кожурой.

Дублинские креветки

12 порций
Приготовление: 40 минут

Состав:
Калории **30**
Протеин **4 г**
Холестерол **25 мг**
Жиры **0 г**
Содиум **200 мг**

свежих или мороженых креветок	12
листьев шпината (10 см длиной)	12
соевого соуса	3 ст.л.
мирина	3 ст.л.
порошка васаби	3 ч.л.
Соус	
сухого белого вина	150 мл
луковица, нарезанная кружочками	1
морковь, нарезанная кубиками	1
сельдерея, нарезанные кубиками	2 палочки
лавровый лист	1
листьев петрушки	5
свежих палочки тимьяна или укропа	2
соли	1 ч.л.
черного перца	5 горошин

Приготовление соуса. Влить 1,5—2 литра воды в большую кастрюлю и добавить туда вино, лук, морковь, лавровый лист, специи, соль и перец. Довести до кипения, затем уменьшить огонь и тушить 10 минут. Промыть креветки в холодной воде, положить их в кастрюлю и тушить 5—8 минут.

Подготовить шпинат. Тщательно промыть листья, бланшировать их 30 секунд в кипятке, затем снова промыть холодной водой. Удалить центральную жилку листа и свернуть лист в длину, чтобы получилась лента шириной в половину длины креветки.

Промыть креветки под холодной водой. Удалить головы и клешни. Острыми ножницами сделать надрез вдоль брюшка креветки до хвостовых плавников. Острым ножом удалить темные жилки и большую часть раковины, оставив только хвостовые плавники.

Смешать соевый соус и мирин в небольшом сосуде и обмакнуть в него каждую креветку. Обернуть противоположный хвостовому конец креветки листом шпината, оставив на виду хвостовой плавник и немного мяса. (Лист будет держаться сам по себе.)

Подавать креветки с оставшимся соусом и порошком васаби.

Рулеты с копченой семгой

16 порций
Приготовление: 30 минут

Состав:
Калории **30**
Протеин **3 г**
Холестерол **5 мг**
Жиры **1 г**
Содиум **180 мг**

небольших початков сладкой кукурузы	16
мелко порезанного укропа	15 г
молотый черный перец	
плавленого сыра	60 г
копченой семги, порезанной на 16 тонких полосок	125 г
зеленого лука	16 стрел
дольки лимона для украшения	

Налить в кастрюлю воды и довести до кипения. Подержать початки кукурузы на пару, пока они не станут мягкими. Остудить.

Всыпать укроп и немного черного перца в сыр и перемешать. Намазать каждый кусок рыбы этой смесью. Обернуть рыбу вокруг початка кукурузы и завязать зеленым луком.

Украсить лимонными дольками и подавать.

Суши с креветками и морскими водорослями

24 порции
Подготовка: 30 минут
Приготовление: 1 час 20 минут

Состав:
Калории **40**
Протеин **1 г**
Холестерол **5 мг**
Жиры **0 г**
Содиум **5 мг**

риса суши	200 г
соли	1 ч.л.
сахара	2 ч.л.
рисового уксуса	2 ст.л. + 1 ч.л.
стрелки зеленого лука	24
готовых очищенных креветок	90 г
порошка васаби	1/8 ч.л.
сухого вакаме	1 1/2 ч.л.
радуччи	12 листьев

Тщательно промыть рис через дуршлаг. Дать стечь воде.

Положить рис в сотейник и залить 1/4 л воды; довести до кипения, уменьшить огонь и тушить 10 минут. Оставить в теплом месте на 10—15 минут. Растворить соль и сахар в 2 столовых ложках уксуса и смешать с рисом.

Пока готовится рис, бланшировать зеленый лук в кипятке и тут же остудить в холодной воде.

Очистить креветки и порезать их кубиками. Смешать порошок васаби с небольшим количеством воды, чтобы получилась паста. Замочить вакаме в воде на 5—10 минут (они увеличатся в 4 раза), затем отжать их в салфетке.

Разрезать каждый лист пополам в длину и удалить жесткую белую сердцевину. Смешать оставшуюся чайную ложку уксуса и 3 ст. л. воды. Смочить пальцы в растворе и выложить рис на лист, покрыв его на 3/4. Тонким слоем намазать пасту васаби, добавить вакаме и креветки. Свернуть каждый лист и завязать стрелкой лука. Обрезать края и подавать.

ПРИМЕЧАНИЕ: *можно использовать любой другой сорт риса, а порошок васаби заменить сухой горчицей.*

Розетки с морскими гребешками, лимоном и эстрагоном

24 порции
Подготовка: 20 минут
Приготовление: 30 минут

Состав:
Калории **20**
Протеин **1 г**
Холестерол **5 мг**
Жиры **1 г**
Содиум **45 мг**

ломтей ржаного хлеба	6
размягченного маргарина	15 г
Для начинки	
гребешков	6
арророута	4 ч.л.
порезанной кубиками лимонной кожуры	1/2 ч.л.
сока лимона	1/2 ч.л.
мелко порубленного эстрагона	1 ч.л.
молотый черный перец	
сливок	1 ч.л.
свежие листья эстрагона и тонкие полоски лимонной кожуры для украшения	

Разогреть духовку до 220 °C.

Приготовление розеток. Вырезать из хлеба розетки в форме цветов. Смазать небольшие формы для булочек маргарином. Вложить хлеб в формы, поставить в духовку и выпекать 10 минут. Остудить.

Приготовление начинки. Вылить сок из раковин гребешков в мензурку и довести общий объем жидкости до 150 мл, добавив холодную воду. Положить арророут в небольшой сосуд и смешать с двумя столовыми ложками жидкости из мензурки.

Вылить остатки жидкости в сотейник и вскипятить. Добавить эскалопы и тушить под закрытой крышкой 2 минуты. Вынуть гребешки шумовкой и порезать кубиками.

Смешать арророут с жидкостью в сотейнике. Добавить сок и кожуру лимона, эстрагон и перец. Довести до кипения и варить 1 минуту. Снять с огня и добавить сливки и гребешки.

Наполнить и украсить розетки перед подачей.

Кольца из кальмаров

32 порции
Подготовка: 30 минут
Приготовление: 1час 15 минут

Состав:
Калории **15**
Протеин **5 г**
Холестерол **35 мг**
Жиры **0 г**
Содиум **35 мг**

небольших тушек кальмара	8
хрустящего зеленого салата	8 листьев
алтуса, очищенного и порезанного кубиками	100 г п
несоленого рыбного или овощного бульона	300 мл
соевого соуса	2 ст.л.
корня имбиря, порезанного тонкими ломтями	2,5 см
черной патоки	1 ст.л.
уксуса	1 ст.л.

Промыть и обсушить щупальца и тушки кальмаров. Взять лист салата одной длины с тушкой кальмара. Выложить щупальца кальмара и 1/8 часть приготовленной рыбы на лист салата, затем свернуть лист и положить внутрь одной из тушек. Обрезать лишнюю зелень и скрепить рулеты соломинкой для коктейлей. Точно так же начинить оставшиеся тушки.

Смешать бульон, имбирь, соевый соус, уксус и патоку в сотейнике и довести до кипения. Положить в бульон кальмаров и тушить на небольшом огне 30—45 минут. Переворачивать тушки не обязательно, но необходимо следить, чтобы они всегда были покрыты водой. Оставить кальмаров остыть в бульоне, затем поставить сотейник в холодильник.

Незадолго перед подачей вынуть кальмаров из бульона, обсушить и разрезать каждую тушку на 4 части.

ПРИМЕЧАНИЕ: *подавать с небольшими листьями хрустящего салата.*

Подготовка тушки кальмара

1 ОТДЕЛИТЬ ЩУПАЛЬЦА.
Над глубокой тарелкой с водой держать одной рукой тушку кальмара, а другой — его щупальца и осторожно тянуть в противоположных направлениях, пока внутренности не отделятся от щупалец. Положить щупальца с головкой и прикрепленными внутренностями в воду.

2 УДАЛИТЬ ПОЗВОНОЧНИК.
Нащупать позвоночный столб — хрящевой стержень — внутри тушки и осторожно удалить его пальцами. Тщательно промыть тушку изнутри.

3 ОЧИСТИТЬ ТУШКУ.
Осторожно потянуть за треугольные плавники с каждой стороны тушки и снять кожицу. Начиная с открытого края тушки, удалить алую кожицу. Промыть тушку и положить в холодную воду.

4 ОБРЕЗАТЬ ЩУПАЛЬЦА.
Положить щупальца с головкой и внутренностями на доску. Отделить щупальца от головы на уровне глаз. Щупальца должны остаться скрепленными узкой полоской мяса у основания. Выбросить внутренности и голову. Удалить все остатки хрящей из щупалец.

Рулет из лосося и камбалы со шпинатом

35 порций
Подготовка: 45 минут
Приготовление: 4 часа

Состав:
Калории **30**
Протеин **4 г**
Холестерол **15 мг**
Жиры **2 г**
Содиум **70 мг**

средней части лосося	350 г
филе камбалы	300 г
шпината	350 г
лимон, порезанный кружками	1
луковица, порезанная кружками	1
морковь, порезанная кружками	2
горошин черного перца	2 ч.л.
листьев петрушки	30 г
белого винного уксуса	450 мл
мелко порезанного укропа	1 ч.л.
соли	1 ч.л.
несоленого крепкого рыбного бульона или воды	2,5 л

Разрезать лосося пополам в длину и удалить все кости и хрящи. Острым ножом с тонким лезвием нарезать рыбу тонкими ломтями и уложить их на кусок влажного муслина 50х30 см прямоугольником 35х20 см. Заполнить пробелы неровными кусками лосося. Разделать таким же образом филе камбалы и уложить поверх лосося.

Бросить шпинат в кипящую воду, вновь довести до кипения и варить 1 минуту. Слить воду, отжать и порубить шпинат. Положить шпинат вдоль одной из длинных сторон рыбного прямоугольника.

Взять муслин обеими руками за край, ближайший к рыбе, осторожно приподнять и постепенно свернуть рыбу и шпинат в рулет. Обмотать муслин вокруг рыбы и закрепить концы. Обвязать широкие полоски муслина (по 2,5 см) вокруг рулета с интервалами в 5 см.

Приготовление бульона. Положить лимон, лук, морковь, перец, петрушку, уксус, укроп и соль в прямоугольный сотейник, достаточно длинный, чтобы в нем уместился рыбный рулет. Залить готовым рыбным бульоном, вскипятить, затем тушить некоторое время на небольшом огне. Осторожно положить рулет в сотейник и варить 3—4 минуты. Снять с огня и остудить. Поставить в холодильник на 3 часа.

Осторожно вынуть рулет из сотейника и обрезать полоски муслина. Развернуть муслин, аккуратно нарезать рулет тонкими ломтиками и подавать.

Морская смесь

20 порций
Подготовка: 20 минут
Приготовление: 3 часа

Состав:
Калории **45**
Протеин **7 г**
Холестерол **70 мг**
Жиры **1 г**
Содиум **200 мг**

копчёной пикши	250 г
лимон, выдавить сок и натереть цедру	1/2
несолёного рыбного бульона или воды с 2 лавровыми листьями, 6 горошинами чёрного перца и 2 ст.л. белого винного уксуса	300 мл
очищенной трески	250 г
икры сельди	125 г
светлого кунжутного масла	1/2 ч.л.
копчёной икры трески	30 г
мелко порезанного укропа	1 ст.л.
анисового спирта	2 ст.л.
плавленого сыра или густого йогурта	2 ст.л.
сливок	2 ст.л.
кайенского перца	1/4 ч.л.
паприка	
белый перец	
лимон для украшения	2 дольки

Очистить и порезать небольшими кусками копчёную рыбу; положить на тарелку, залить лимонным соком и оставить на 2 часа.

Вскипятить рыбный бульон в небольшом сотейнике; положить туда свежую рыбу, уменьшить огонь и тушить 3—5 минут. Вынуть рыбу шумовкой и остудить.

Обжарить икру в кунжутном масле и остудить.

Слить маринад из копчёной рыбы. 3/4 рыбы и икру положить в сосуд и обработать миксером до получения однородной массы. Добавить чеснок, анисовый спирт, плавленый сыр, сливки, кайенский перец, паприку, белый перец и цедру лимона. Тщательно перемешать миксером. Добавить отложенные куски рыбы.

Посыпать паприкой, украсить укропом и дольками лимона и подавать.

Рекомендуется подавать с тостами Мельба.

Баранина с бургхулом

В АРАБСКИХ СТРАНАХ ЭТО БЛЮДО ИЗВЕСТНО ПОД НАЗВАНИЕМ КИББЕН НАЕХ. ДЛЯ ПРИГОТОВЛЕНИЯ БЕРУТ САМУЮ ПОСТНУЮ БАРАНИНУ.

Состав:
Калории **175**
Протеин **18 г**
Холестерол **35 мг**
Жиры **5 г**
Содиум **150 мг**

30 порций
Приготовление: 20 минут

постной баранины	500 г
бургхула	250 г
крупная луковица, мелко порезанная	1
тмина	1 ч.л.
кайенского перца	1 1/2 ч.л.
соли	1 ч.л.
молотый черный перец	
небольшие луковицы лука-шалота, мелко порезанные	4
2 ст.л. мелко порезанной петрушки	
мелкие листья хрустящего салата	

Трижды провернуть мясо через мясорубку. Положить бургхул в глубокую тарелку, залить кипящей водой и дать постоять 2 минуты. Откинуть через сито и промыть под струей холодной воды. Отжать оставшуюся воду и вернуть бургхул в тарелку.

Смешать мясо, лук, тмин и кайенский перец миксером. Добавить бургхул, соль, черный перец и 2 ст. л. холодной воды и слегка перемешать деревянной ложкой. Всыпать зеленый лук и петрушку и снова перемешать. Сформовать 30 небольших шариков и сплющить их пальцем, превратив в диски. Подавать на листьях салата.

Паштет из кролика

ПОДАВАТЬ ОТДЕЛЬНО ИЛИ НА НЕБОЛЬШИХ КРЕКЕРАХ.

Состав:
Калории **100**
Протеин **15 г**
Холестерол **40 мг**
Жиры **4 г**
Содиум **120 мг**

12 порций
Подготовка: 30 минут
Приготовление: 6 часов

несоленого масла	15 г
мелко порубленная луковица	1
пшеничной муки	15 г
лавровых листа	2
палочки гвоздики	4
светлого эля	300 мл
соли	1/2 ч.л.
молотый черный перец	
пропущенного через мясорубку мяса кролика	500 г
пропущенного через мясорубку филе постной свинины	175 г
меда	1 ч.л.
клюквы	1 ст.л.
листья водяного кресса для украшения	

Разогреть духовку до 190 °C. Выложить форму для выпечки хлеба фольгой.

Растопить масло в сотейнике на небольшом огне, добавить лук и жарить 1 минуту, помешивая. Всыпать муку, положить лавровый лист, гвоздику, эль, соль и перец. Довести до кипения, помешивая, и варить 2 минуты. Снять сотейник с огня, удалить лавровый лист и гвоздику и вмешать крольчатину и свинину.

Выложить в подготовленную форму и накрыть двойным слоем фольги. Поставить форму в большую кастрюлю и залить до половины водой. Выпекать в духовом шкафу 1 1/2 часа.

Вынуть форму из кастрюли, положить на фольгу сверху груз и поставить в холодильник на 4—5 часов или на ночь.

Положить мед в небольшой сотейник с 2 ст.л. холодной воды, довести до кипения и уменьшить огонь. Положить в мед на 1 минуту клюкву. Следить, чтобы у ягод не сморщилась кожица. Вынуть клюкву шумовкой из сотейника и положить остывать на бумажные салфетки.

Вынуть паштет из формы, нарезать, украсить ягодами и листьями и подавать.

Подавать с сухими крекерами или тостами.

Свинина с томатным соусом и сладким укропом

Состав:
Калории **30**
Протеин **2 г**
Холестерол **30 мг**
Жиры **2 г**
Содиум **30 мг**

40 порций
Подготовка: 30 минут
Приготовление: 1час 15 минут

постного филе поросенка	400 г
оливкового масла	2 ч.л.
молотых зерен сладкого укропа	1/2 ч.л.
соли	1/4 ч.л.
молотый черный перец	
луковиц сладкого укропа	350 г
лимон	1 ломтик
Для томатного соуса	
оливкового масла	2 ст.л.
чеснок, мелко порубленный	1 зубчик
порезанных луковиц сладкого укропа	250 г
молотых зерен сладкого укропа	1/2 ч.л.
анисового спирта	4 ст.л.
очищенных томатов	500 г
соли	1/4 ч.л.
молотый черный перец	
кожура и ломтики апельсина для украшения	

Разогреть духовку до 230 °C. Смазать филе поросенка оливковым маслом и натереть молотыми зернами сладкого укропа. Обжаривать в течение 20—25 минут, затем приправить солью и перцем, завернуть в фольгу и дать остыть.

Приготовление соуса. Разогреть масло в сотейнике и обжаривать в нем чеснок 1—2 минуты. Добавить луковицы и зерна сладкого укропа, кожуру апельсина, анисовый спирт и черный перец. Накрыть крышкой и тушить 10 минут. Всыпать порезанные томаты и тушить еще 10 минут, затем остудить. Удалить апельсиновую кожуру и обработать массу миксером. Посолить.

Варить луковицы укропа с ломтиком лимона 5 минут. Слить жидкость и вынуть лимон; промыть луковицы под струей холодной воды. Порезать луковицы укропа на 40 кубиков.

Развернуть остывшее филе и нарезать его полосками вдоль, а затем поперек, чтобы получить 40 одинаковых кубиков. Нанизать свинину и луковицы на палочки и посыпать зеленью укропа.

Соус подавать отдельно, украшенный кожурой и дольками апельсина.

Канапе со свининой и сыром

36 канапе
Подготовка: 20 минут
Приготовление: 12 часов

На 1 канапе со свининой:
Калории **35**
Протеин **2 г**
Холестерол **5 мг**
Жиры **1 г**
Содиум **20 мг**

постной холодной жареной свинины, нарезанной кубиками	125 г
тостов Мельба (см. стр. 11) или сухих крекеров	36
небольших апельсина, порезанных тонкими кольцами	4
листья петрушки	
нежирного плавленого сыра	90 г
Для пюре из абрикосов	
сушеных абрикосов, вымоченных в воде 12 часов	60 г
меда	20 г
уксуса	1 ст.л.
свежего корня имбиря, мелко изрубить	1 см
стебля имбиря, мелко изрубить	1 см
корицы	1/4 ч.л.
ямайского перца	1/8 ч.л.
соли	1/8 ч.л.

На 1 канапе с сыром:
Калории **45**
Протеин **2 г**
Холестерол **5 мг**
Жиры **3 г**
Содиум **50 мг**

Приготовление пюре из абрикосов. Обсушить абрикосы и перемешать их с медом миксером. Добавить уксус, имбирь, корицу, перец и соль и снова обработать миксером до получения однородной массы.

Провернуть свинину через мясорубку, добавить 2/3 абрикосового пюре и тщательно перемешать.

Намазать полученной массой половину приготовленных крекеров или тостов, украсить ломтиком апельсина и листом петрушки.

Оставшиеся крекеры намазать плавленым сыром и положить сверху немного абрикосового пюре.

ПРИМЕЧАНИЕ: остатки пюре могут храниться в холодильнике в течение 2 недель.

Овощное заливное

ЧТОБЫ ПРИГОТОВИТЬ ПРОЗРАЧНОЕ ОВОЩНОЕ ЗАЛИВНОЕ, НЕОБХОДИМО СОБЛЮДАТЬ СТЕРИЛЬНУЮ ЧИСТОТУ.

Состав:
Калории **410**
Протеин **53 г**
Холестерол **0 мг**
Жиры **0 г**
Содиум **1,480 мг**

Подготовка: 45 минут
Приготовление: 2 часа 15 минут

моркови, нарезанной мелко	250 г
лука-порея, нарезанного мелко	250 г
мелко порубленные луковицы	2
сельдерея, порезанные	4 палочки
небольшой пучок петрушки	1
побег розмарина	1
побег тимьяна	1
чеснока, неочищенных	4 зубчика
соли	1/2 ч.л.
черного перца	8 горошин
порошка желатина	45 г
яичных белка (скорлупу вымыть и сохранить)	2
красного винного уксуса	1 ст.л.

Сложить морковь, лук, сельдерей, петрушку, розмарин, тимьян, чеснок, соль и перец в большой сотейник и залить 1,75 л холодной воды. Довести до кипения, уменьшить огонь и наполовину прикрыть крышкой. Тушить на небольшом огне 2 часа или пока жидкость не выпарится наполовину. Процедить бульон через сито и выбросить овощи. Понадобится 900 мл бульона. Добавить воды, если необходимо.

Вымыть сотейник и снова залить холодной водой. Положить туда стальной веничек, сито и кусок муслина. Довести до кипения. Окатить кипятком глубокую тарелку и вылить воду.

Поставить сито на глубокую тарелку и покрыть муслином.

Вылить бульон обратно в сотейник и добавить в него желатин, яичные белки и скорлупки и уксус. Взбить веничком на небольшом огне, пока белки не образуют на поверхности густую пену. Довести до кипения, но не дать пене вылиться из сотейника. Снять с огня и подождать, пока пена осядет. Повторить эту операцию еще 2 раза и оставить сотейник на 5 минут.

Осторожно процедить бульон через муслин и сито. Дать стечь и остудить. Должно образоваться желе.

Овощное заливное может храниться в холодильнике несколько дней. Оно может также быстро растаять на водяной бане.

Канапе с аспарагусом

12 канапе
Подготовка: 45 минут
Приготовление: 1 час 10 минут

стрелок аспарагуса	12
рисового хлеба	3—4 куска
сладкого красного перца	1/2
маргарина	20 г
чеснока, мелко порубленный	1 зубчик
мелко порезанной петрушки	1 ст.л.
соли	1/8 ч.л.
молотый черный перец	
овощного заливного, жидкого	150 мл

Состав:
Калории **30**
Протеин **1 г**
Холестерол **0 мг**
Жиры **2 г**
Содиум **60 мг**

Обрезать концы у аспарагуса и очистить каждый стебель. Варить черенки в кипящей воде, пока они не станут мягкими — 56 минут. Затем слить и промыть под струей холодной воды. Дать обсохнуть.

Обрезать корки с хлеба и разрезать его на 12 прямоугольников по 6х3 см.

Сделать стебли аспарагуса такой же длины, что и куски хлеба. Разрезать кончик каждого аспарагуса пополам. Порезать красный перец тонкими полосками длиной 6 см.

Положить маргарин, чеснок, петрушку, соль и перец в глубокий сосуд. Тщательно перемешать и намазать на хлеб.

Положить по 2 стебля аспарагуса и 1 полоску красного перца на каждый ломтик хлеба. Поставить овощное заливное на некоторое время в холодильник, чтобы оно слегка загустело. Аккуратно покрыть канапе тонким слоем заливного и поставить в холодильник на 20 минут. Вынуть из холодильника и тут же подавать.

Морские канапе

12 канапе
Подготовка: 1 час
Приготовление: 2 часа 30 минут

филе пикши	175 г
яичный белок	1
соли	3/8 ч.л.
густого йогурта	90 г
молотый черный перец	
хлеб, слегка поджаренный	3—4 куска
маргарина	15 г
томатной пасты	1/2 ч.л.
измельченных листьев базилика	2 ч.л.
овощного заливного, размягченного	150 мл
вареных креветок	12
черной икры	3 ч.л.

Состав:
Калории **40**
Протеин **2 г**
Холестерол **30 мг**
Жиры **2 г**
Содиум **110 мг**

Промыть филе пикши под струей холодной воды и обсушить бумажными салфетками. Осторожно удалить кожицу и кости и нарезать кубиками. Положить рыбу в сосуд, добавить яичные белки и 1/4 ч. л. соли и обработать миксером. Протереть полученную пасту через сито. Накрыть крышкой и поставить в холодильник на 30 минут.

Смазать маслом 12 небольших форм. Налить в кастрюлю воды, установить пароварку и довести воду до кипения. Вынуть охлажденную рыбную массу из холодильника. Смешать с йогуртом и ▶

приправить черным перцем. Наполнить подготовленные формы рыбным пюре. Поставить формы на пар и накрыть фольгой. Снять через 1—2 минуты и снова заморозить. Вырезать из хлеба 12 круглых кусков. Положить маргарин, томатную пасту, соль и перец в глубокий сосуд и тщательно перемешать. Намазать полученную массу на хлеб.

Осторожно вынуть рыбу из форм. Обмакнуть каждый кусок в овощное заливное и положить на хлеб. Поставить канапе на 5 минут в холодильник. Обмакнуть каждую креветку в заливное, положить на канапе поверх рыбы и снова заморозить.

Поставить оставшееся заливное на холод, пока оно не начнет густеть. Аккуратно покрыть заливным канапе и положить на каждое немного икры. Поставить в холодильник на 20 минут и тут же подавать.

ПРИМЕЧАНИЕ: *рыбу можно приготовить за сутки и хранить в холодильнике.*

Канапе с уткой

12 канапе
Подготовка: 45 минут
Приготовление: 2 часа 15 минут

оливкового масла	1 ст.л.
мяса с утиных грудок	500 г
пшеничной муки	15 г
несоленого куриного бульона	150 мл
небольшой сладкий красный перец, очищенный и превращенный в пюре	1
соли	1/4 ч.л.
белый перец	
овощного заливного, размягченного	150 мл
меда	2 ч.л.
тонких колец апельсина	12
клюквы	6 ягод
ломтей рисового хлеба	6
маргарина	15 г

Состав:
Калории **105**
Протеин **8 г**
Холестерол **35 мг**
Жиры **4 г**
Содиум **80 мг**

Разогреть масло на небольшой сковороде на среднем огне. Положить утиные грудки на сковороду и слегка обжарить. Уменьшить огонь и придавить грудки плоской тарелкой. Держать на огне еще 20—25 минут, переворачивая. Шумовкой переложить утку на тарелку, накрыть другой мелкой тарелкой с грузом примерно 500 г. Остудить.

Всыпать муку в соус, оставшийся на сковороде и постепенно добавить бульон. Довести до кипения, постоянно помешивая, пока соус не загустеет. Уменьшить огонь и тушить еще 5 минут, иногда помешивая. Снять сковороду с огня и добавить 2 столовых ложки пюре из красного перца. Приправить соус солью и перцем и влить 3 столовых ложки овощного заливного. Накрыть прозрачной пленкой, чтобы не образовалась корочка и дать остыть.

Разогреть мед с 1 ст. л. воды в небольшом сотейнике. Довести до кипения и уменьшить огонь. Положить колечки апельсина в сотейник и подержать на огне 1 минуту. Вынуть апельсин шумовкой из сотейника и положить остывать на бумажные салфетки. Положить клюкву в мед на 1 минуту. Не дать сморщиться кожице. Остудить на бумажных салфетках и разрезать каждую ягоду пополам.

Тонко порезать утиные грудки по горизонтали. Вырезать из кусочков мяса овалы 6х3,5 см и сложить их на большой поднос.

Когда соус только начинает густеть, выложить его чайной ложкой на утку и поставить поднос в холодильник на 10—15 минут.

Острым ножом вырезать 12 овалов из ломтей хлеба. Смазать каждый кусочек маргарином и накрыть утиным мясом. Украсить дольками апельсина и клюквой и вернуть в холодильник на 5 минут.

Подержать оставшееся овощное заливное некоторое время на холоде, затем распределить между готовыми канапе.

Канапе поставить в холодильник на 20—25 минут и подавать.

ПРИМЕЧАНИЕ: *утку можно приготовить за сутки и хранить в холодильнике.*

Канапе с цыпленком

12 канапе
Подготовка: 1 час
Приготовление: 2 часа 30 минут

очищенных грудок цыпленка	500 г
небольшая луковица	1
палочка сельдерея, порезанная	1
небольшая морковь, порезанная	1
стебель петрушки	1
лавровый лист	1
соли	3/8 ч.л.
горошины черного перца	4
несоленого куриного бульона	300 мл
маргарина	35 г
пшеничной муки	35 г
плавленого сыра	2 ст.л.
овощного заливного	150 мл
тонких ломтя ржаного хлеба	3–4
зубчик чеснока, мелко порезанный	1
мелко порезанной петрушки	1 ст.л.
молотый черный перец	
сладкого красного перца, очищенного	1/2
кусочки огурца для украшения	

Состав:
Калории **100**
Протеин **10 г**
Холестерол **25 мг**
Жиры **4 г**
Содиум **125 мг**

Сложить грудки цыпленка в сотейник. Добавить лук, сельдерей, петрушку, морковь, лавровый лист, 1/4 ч. л. соли, черный перец и бульон. Довести до кипения, затем уменьшить огонь и плотно закрыть крышкой. Тушить 5—6 минут. Дать остыть, вынуть мясо из бульона и положить в холодильник.

Процедить 150 мл бульона, остаток слить. Размягчить 15 г маргарина в сотейнике и смешать с мукой. Добавить бульон и вскипятить, постоянно помешивая. Уменьшить огонь и тушить 4—5 минут. Снять с огня и дать слегка остыть. Ввести плавленый сыр и 3 ст. л. заливного в соус. Тщательно перемешать. Накрыть соус пленкой и поставить в холодильник на 20—30 минут.

Порезать грудки цыпленка по горизонтали тонкими ломтиками по 5 мм толщиной. Используя форму, вырезать из мяса 12 сердечек. Сложить сердечки на поднос (или на большое плоское блюдо), полить каждое соусом и поставить в холодильник на 20 минут.

Вырезать из хлеба 12 сердечек того же размера, что и куриные. Положить оставшийся маргарин в глубокую тарелку и добавить чеснок, петрушку, соль и перец. Тщательно перемешать и намазать на хлеб, положить поверх мясо цыпленка. Мелко нарезать красный перец и огурец и украсить каждое канапе. Поставить ненадолго в холодильник. Покрыть канапе овощным заливным и поставить в холодильник на 20 минут. Сразу же подавать.

ПРИМЕЧАНИЕ: *грудки цыпленка могут быть приготовлены за сутки и храниться в холодильнике.*

Канапе с яйцом и водным крессом

12 канапе
Подготовка: 30 минут
Приготовление: 1 час 15 минут

яйца	3
тонких ломтя ржаного хлеба	3–4
сливочного маргарина	15 г
мелко порубленного водного кресса	1 ст.л.
листья водного кресса	
соли	1/8 ч.л.
молотый черный перец	
овощного заливного, размягченного	150 мл

Состав:
Калории **35**
Протеин **2 г**
Холестерол **40 мг**
Жиры **2 г**
Содиум **70 мг**

Положить яйца в сотейник и залить холодной водой. Довести до кипения, затем варить на небольшом огне 10 минут. Слить воду и остудить яйца под струей холодной воды. Осторожно очистить скорлупу.

Вырезать из хлеба 12 дисков диаметром 4 см. Тщательно перемешать маргарин, водный кресс, соль и перец. Намазать полученную массу на хлеб.

Осторожно нарезать яйца кружками. Выбрать из них 12 и положить на хлеб.

Окунуть листья водного кресса в заливное и положить на каждое канапе. Поставить все канапе на 5 минут в холодильник. Вынуть, залить оставшимся желе и снова поставить в холодильник на 20 минут. Тут же подавать.

2 Мидии на раковине под томатным соусом необыкновенно вкусны и быстро готовятся.

Горячие блюда

Перед соблазнительными ароматами горячих закусок невозможно устоять, но их приготовление необходимо тщательно планировать. Стоит также подумать над тем, в какой последовательности подавать блюда.

Те блюда, которые требуют наибольшего внимания, лучше приготовить заранее и разогреть в нужный момент. Томатный соус с анчоусами *(стр. 66)* и мидии на половинках раковины *(слева)* идеально для этого подходят. Подготовьте заранее ингредиенты для блюд, которые можно приготовить в духовом·шкафу или на сковороде за несколько минут. В этом случае стоит обратить внимание на рулет из камбалы *(стр. 85)* и телятину с абрикосами и орехами *(стр. 96)*. Даже во время праздника вы сможете их быстро приготовить или разогреть и подать аппетитно горячими. Напоминаем вам, что многие блюда можно подавать не обжигающе горячими, а примерно комнатной температуры. Куриные крылышки под острым соусом *(стр. 87)* или тарталетки *(стр. 71)* одинаково вкусны как горячими, так и холодными.

В этой главе представлено 46 рецептов. Блюда, приготовленные по ним, вне всякого сомнения, полезны. Например, попкорн *(стр. 57)* приправлен специями вместо соли; место высококалорийного теста заняли дрожжевое тесто и слегка смазанные маслом ломти ржаного хлеба. Предпочтение также отдается самому постному мясу, свежим овощам и морским продуктам.

Новые блюда требуют новых навыков. Подробные описания, содержащиеся в этой главе, помогут вам достичь отличных результатов.

Хрустящие плантаны

10 порций
Подготовка: 20 минут
Приготовление: 50 минут

Состав:
Калории **110**
Протеин **1 г**
Холестерол **0 мг**
Жиры **6 г**
Содиум **0 мг**

крупных зеленых плантана	4
растительного масла	4 ст.л.

Обрезать верхушку и кончик плантана острым ножом. Тщательно очистить кожуру.

Слегка смазать нож маслом и порезать плантаны как можно тоньше. Сложить ломти в сосуд с подсоленной водой и оставить на 30 минут. Затем слить и обсушить.

Разогреть на сковороде масло и постепенно обжарить в нем все ломтики, постоянно переворачивая. Вынуть их из сковороды шумовкой и положить остывать на бумажные салфетки.

Подавать в корзиночке или на плоской тарелке.

Острый турецкий горошек

14 порций
Подготовка: 20 минут
Приготовление: 2 часа 30 минут

Состав:
Калории **175**
Протеин **7 г**
Холестерол **0 мг**
Жиры **9 г**
Содиум **40 мг**

сухого турецкого горошка	500 г
оливкового масла	6 ст.л.
зубчик чеснока	1
кайенского перца	1 ч.л.
соли	1/4 ч.л.

Тщательно промыть горошек, сложить в сотейник и залить холодной водой. Удалить всплывшие горошины и неплотно накрыть сотейник крышкой. Довести до кипения и варить 2 минуты. Снять с огня и оставить на 1 час. (Вместо этого можно оставить горошек в воде на ночь.)

Промыть горошек, вернуть в сотейник и снова залить водой. Тушить на небольшом огне 45—60 минут. (Добавлять воду, если необходимо.) Откинуть на дуршлаг и остудить.

Высушить горошины на бумажных салфетках. Разогреть масло на сковороде и высыпать туда горошек. Через некоторое время добавить чеснок.

Уменьшить огонь и жарить горошек 20—25 минут, постоянно помешивая и встряхивая. Если горошины начинают лопаться и подпрыгивать, уменьшить огонь или накрыть сковороду крышкой.

Выложить готовый горошек на бумажные салфетки и дать стечь как можно большему количеству масла. Положить обсушенный горошек в глубокий сосуд, добавить кайенский перец и соль, и несколько раз энергично встряхнуть.

Подавать теплым.

Попкорн с приправами

3 блюда
Подготовка: 15 минут
Приготовление: 20 минут

Для блюда со специями:
Калории **555**
Протеин **18 г**
Холестерол **40 мг**
Жиры **34 г**
Содиум **100 мг**

Для блюда с приправами:
Калории **135**
Протеин **3 г**
Холестерол **0 мг**
Жиры **8 г**
Содиум **10 мг**

Для блюда с карри:
Калории **70**
Протеин **2 г**
Холестерол **0 г**
Жиры **0**
Содиум **15 мг**

растительного масла	2 ч.л.
кукурузы	175 г
Приправы:	
1-я	
несоленого масла	15 г
раздавленный зубчик чеснока	1
мелко изрубленных базилика, петрушки и кервеля	1 ст.л.
тертого сыра Пармезан	2 ч.л.
зерен тыквы	2 ст.л.
2-я	
сухой горчицы	1 ч.л.
томатной пасты	1 ч.л.
соуса Табаско	1/2 ч.л.
меда	1 ст.л.
зерен кунжута	1 ст.л.
Приправа с карри	
порошка карри	1 ч.л.
куркумы	1 ч.л.
сок лимона	1 ч.л.
меда	1 ст.л.
йогурта	1 ст.л.

Приготовление первой приправы. Растопить масло в сотейнике, добавить чеснок, травы, сыр и зерна тыквы. Подержать 1 минуту на небольшом огне, постоянно помешивая, и дать остыть.

Приготовление второй приправы. Смешать в сотейнике горчицу, томатную пасту, соус Табаско и мед. Поставить на небольшой огонь и помешивать, пока масса не закипит. Дать остыть.

Приготовление приправы с карри. Смешать в сотейнике порошок карри, куркуму, сок лимона и мед. Поставить на небольшой огонь и, помешивая, довести до кипения. Снять сотейник с огня и добавить йогурт.

Пока приправы остывают, разогреть масло в большом сотейнике; положить туда кукурузу и накрыть крышкой. Держать на небольшом огне, время от времени встряхивая сотейник, пока не полопается вся кукуруза. Разделить готовый попкорн на 3 части и смешать с приправами. Добавить ко второй приправе зерна кунжута.

Подавать теплым на трех блюдах.

ЯЙЦА И СЫР

Гречишные блины с козьим сыром

Состав:
Калории **35**
Протеин **2 г**
Холестерол **10 мг**
Жиры **2 г**
Содиум **65 мг**

60 блинов
Подготовка: 45 минут
Приготовление: 2 часа 30 минут

молока	350 мл
свежих дрожжей или 7 г сухих	15 г
гречневой муки	125 г
пшеничной муки	125 г
соли	1/4 ч.л.
зерен тмина	1/2 ч.л.
раздавленных черных зерен кунжута	1/2 ч.л.
меда	2 ч.л.
несоленого масла	1/2 ст.л.
яйцо	1
Для начинки	
мягкого козьего сыра	250 г
поджаренных зерен кунжута	1 1/2 ст.л.
поджаренных зерен тмина	1 ст.л.
поджаренных маковых зерен	1 ст.л.
поджаренных семечек подсолнуха	2 ст.л.

Растворить дрожжи в 2 ст. л. теплого молока и оставить на 10—15 минут. (Используя сухие дрожжи, следовать инструкциям на упаковке.)

Смешать муку, соль, зерна тмина и кунжута. Сделать в центре углубление. В небольшой кастрюле подогреть оставшееся молоко с медом и маслом и смешать с мукой. Добавить туда же растворенные в молоке дрожжи и яичный желток и тщательно перемешать. Взбивать тесто 2 минуты, затем поставить на 1 час в теплое место. Тесто должно подняться и легко отделяться от ложки. Если оно слишком сухое, добавить немного воды. Взбить в пену яичный белок и смешать его с тестом.

Разогреть сковороду с антипригарной поверхностью на среднем огне. Чайной ложкой выливать на нее тесто, формуя блинчики по 5 см в диаметре. Перевернуть блинчики, как только они подрумянятся и будут отделяться от сковороды, через 2—3 минуты. Пожарить блинчики с другой стороны 1 минуту и выложить на бумажную салфетку. Завернуть и положить в теплую духовку, пока выпекаются остальные блины.

Приготовление начинки. Взбить сыр миксером и выложить чайной ложкой на готовые блинчики. Посыпать зернами по вкусу.

ПРИМЕЧАНИЕ: *вместо мягкого козьего сыра можно использовать 125 г твердого сыра, смешанного со 125 г плавленого сыра.*

Тарталетки с начинкой

18 тарталеток
Подготовка: 1 час
Приготовление: 1 час 20 минут

Для 1 тарталетки со шпинатом:
Калории **140**
Протеин **5 г**
Холестерол **35 мг**
Жиры **9 г**
Содиум **165 мг**

муки	175 г
соли	3/8 ч.л.
сливочного маргарина	90 г
взбитый яичный белок	1
яйца	2
молока	1/4 л
молотый черный перец	
тертого сыра Пармезан	60 г
Начинка со шпинатом	
оливкового масла	1 ст.л.
мелко порубленной луковицы	1/2
сладкого красного перца, мелко порезанного	1/3
сладкого зеленого перца, мелко порезанного	1/3
шпината, вымытого, без стеблей	250 г
Начинка с аспарагусом	
небольших аспарагуса	3
огурца, очищенного, порезанного вдоль и без семян	7,5 см
несоленого масла	15 г
Начинка со скумбрией	
копченого филе скумбрии	60 г

Для 1 тарталетки с аспарагусом:
Калории **120**
Протеин **4 г**
Холестерол **30 мг**
Жиры **8 мг**
Содиум **160 мг**

Для 1 тарталетки со скумбрией:
Калории **115**
Протеин **6 г**
Холестерол **35 мг**
Жиры **7 г**
Содиум **230 мг**

Приготовление теста. Высыпать муку и 1/8 ч.л. соли в сосуд и растереть с маргарином. Добавить белок яйца и тщательно перемешать. Замесить тесто на слегка присыпанной мукой поверхности.

Раскатать тесто тонким слоем и нарезать из него круги 10 см в диаметре. Сложить их в рифленые формы. Собрать и снова раскатать остатки теста и нарезать круги. Поставить формы на противень и убрать в холодильник пока готовится начинка.

Приготовление начинки со шпинатом. Разогреть масло в небольшой сковороде, добавить лук, сладкий перец и обжаривать 6—8 минут. Вскипятить небольшой сотейник воды, всыпать туда листья шпината и кипятить 30 минут. Промыть шпинат под струей воды, отжать и мелко порезать. Смешать обжаренный лук и перец со шпинатом и дать постоять.

Приготовление начинки с аспарагусом. Обрезать кончики со стрел аспарагуса и тонко порезать стебли. Положить аспарагус в кипяток и варить 2—3 минуты, затем откинуть на дуршлаг и промыть водой. Порезать половинки огурца пополам в длину и потом тонкими ломтями.

Растопить масло в небольшом сотейнике, добавить туда огурец и держать на огне 3—4 минуты. Сохранить кончики аспарагуса а его ломтики добавить к огурцам.

Приготовление начинки со скумбрией. Очистить рыбу, удалить кости.

Разогреть духовку до 220 °C. Смешать яйца и молоко и приправить оставшейся солью и черным перцем. Взбить веничком и добавить сыр Пармезан. Распределить массу между тремя сосудами с начинкой и тщательно перемешать каждый.

Наполнить 6 формочек начинкой с аспарагусом, 6 — начинкой со шпинатом и 6 — начинкой с рыбой. Мелко порезать оставшиеся кончики аспарагуса и использовать их как украшение.

Выпекать тарталетки в духовом шкафу 20—25 минут, пока они не станут золотистыми. Осторожно вынуть из формочек и подавать.

Суфле куржет

40 суфле
Подготовка: 20 минут
Приготовление: 30 минут

Состав:
Калории **10**
Протеин **0 г**
Холестерол **10 мг**
Жиры **0 г**
Содиум **20 мг**

куржет 18 см длиной, концы обрезать	5
сливочного маргарина	1 ч.л.
пшеничной муки	15 г
молока	4 ст.л.
яичный желток	1
тертого сыра Чеддер	30 г
дижонской горчицы	1/4 ч.л.
соли	1/4 ч.л.
молотый черный перец	
яичных белка	2

Небольшим острым ножом равномерно счистить полоски кожуры с куржет. Порезать каждый куржет на 8 ломтей по 2 см толщиной.

Маленькой ложкой вынуть сердцевину, не повредив донышко. Разогреть духовку до 220 °С.

Варить куржет в кипятке, пока они не станут ярко-зелеными (примерно — 1 минуту). Слить воду и разложить куржет на противне, покрытом пергаментной бумагой.

Приготовление начинки суфле. Высыпать муку в сотейник и добавить туда маргарин и молоко. Перемешать веничком.

Поставить сотейник на небольшой огонь и довести до кипения, постоянно взбивая. Уменьшить огонь и взбивать еще 5 минут. Снять сотейник с плиты и добавить к содержимому яичный желток, сыр, горчицу, соль и перец. Тщательно перемешать.

В чистом сосуде взбить яичные белки в пену и постепенно добавить к сырному соусу. Разложить суфле в готовые формы из куржет.

Выпекать на верхнем уровне духового шкафа 5—8 минут. Переложить на блюдо и подавать.

ПРИМЕЧАНИЕ: *вместо куржет можно использовать артишоки, грибы или половинки томатов.*

Фунтики с сыром Фета

12 порций
Подготовка: 30 минут
Приготовление: 45 минут

На 1 порцию:
Калории **75**
Протеин **2 г**
Холестерол **5 мг**
Жиры **6 г**
Содиум **130 мг**

тонких листа теста 30х45 см	4
оливкового масла	3 ст.л.
сыра Фета, порезать на 12 частей	125 г
свежей мяты, мелко порезать	1 ст.л.

Разогреть духовку до 180 °C.

Положить лист теста на стол, слегка смазать оливковым маслом, накрыть другим листом теста и смазать его поверхность маслом. Перевернуть оба листа теста вместе и снова смазать поверхность маслом. (Остальные листы теста лучше накрыть влажной салфеткой, чтобы они не пересохли.)

Вырезать из теста 6 кругов по 15 см диаметром, положить на каждый кусочек сыра и немного мяты и завернуть, как показано на рисунке. Положить фунтики на противень и выпекать на нижнем уровне духового шкафа 5 минут, затем снизить температуру до 170 °C и выпекать в течение 10—15 минут, пока бока и верхушки не станут золотисто-коричневыми. Переложить готовые фунтики на теплое блюдо и тотчас же подавать.

Игольчатые канапе с картофелем

30 канапе
Подготовка: 20 минут
Приготовление: 30 минут

Состав:
Калории **25**
Протеин **1 г**
Холестерол **5 мг**
Жиры **1 г**
Содиум **30 мг**

небольших клубня картофеля, очищенных и обсушенных	4
несоленого масла	30 г
раздавленных зубчика чеснока	2
мелко порезанных листьев сельдерея	1 ст.л.
мелко порезанных листьев петрушки	1 ст.л.
соли	1/2 ч.л.
молотый черный перец	
дольки апельсина, порезанных ломтиками, для украшения	4
Для начинки	
стебли сельдерея, мелко порезанные	2
филе индейки, мелко порубленного	125 г
порезанных земляных орехов	1 ст.л.
мелко порезанной кожуры апельсина	1 ч.л.
дижонской горчицы	1 ч.л.

Разогреть духовку до 220 °C. Порезать картофель тонкими ломтиками и опустить в кипящую воду на 1 мин. Слить воду и переложить картофель в тарелку.

Положить в сотейник масло, чеснок, сельдерей, петрушку, соль и перец. Все тщательно перемешать, пока не растает масло. Вылить половину полученной смеси на картофель.

Покрыть противень фольгой и положить на него ломтики картофеля через равные промежутки. Выпекать в духовке 4—5 минут.

Приготовление начинки. Сложить сельдерей, филе индейки, орехи, кожуру апельсина, горчицу и оставшееся чесночное масло в сотейник. Поставить на огонь на 1 минуту. Постоянно помешивать. Приправить перцем по вкусу. Чайной ложкой выложить смесь на ломтики картофеля. Поставить противень на верхний уровень духового шкафа и выпекать 5 минут. Переложить готовые канапе на блюдо, украсить кусочками апельсина и подавать.

ПРИМЕЧАНИЕ: вместо мяса индейки можно использовать курятину, рыбу или телятину по вкусу.

Овощные блинчики с йогуртом

30 блинчиков
Приготовление: 1 час

В 1 блинчике:
Калории **25**
Протеина **10 г**
Холестерола **1 мг**
Жиров **1 г**
Содиума **40 мг**

пшеничной муки	60 г
ржаной муки	60 г
разрыхлителя	1/2 ч.л.
соли	1/2 ч.л.
куркумы	1 ч.л.
панч пурана	1 ч.л.
кардамона	1/2 ч.л.
йогурта	125 мл
растительного масла	1 ст.л.
сладкого картофеля, очищенного и натертого	100 г
целериака, очищенного и натертого	100 г
Йогурт	
густого греческого йогурта	175 г
соли	1/8 ч.л.
лимонного уксуса	1 ч.л.
мелко натертой кожуры лимона	1/2 ч.л.
свежего кориандра, мелко порубленный	1 пучок

Смешать йогурт и ароматические добавки. Выложить полученную массу в глубокую тарелку и поставить в холодильник.

Приготовление теста. Насыпать муку, разрыхлитель и соль в миску горкой. Разогреть сковороду и подсушить на ней панч пуран, пока он не будет издавать аромат. Добавить его к муке вместе с кардамоном и куркумой. Сделать в центре углубление и вылить туда йогурт, разбавленный 125 мл воды. Добавить масло и замесить тесто. Всыпать тертый сладкий картофель и целериак и тщательно перемешать.

Нагреть сковороду с антипригарным покрытием. Выливать тесто на сковороду небольшими порциями (использовать столовую ложку) и формовать круглые блинчики. Переворачивать блинчики, как только они подрумянятся и будут отделяться от сковороды. Вилкой проверить готовность овощей. Переложить блинчики на противень, накрыть фольгой и поставить в теплую духовку. Вылить на сковороду очень немного масла и выпекать блинчики, пока не кончится тесто.

Подавать блинчики теплыми, положив на каждый ложку йогурта.

ПРИМЕЧАНИЕ: *панч пуран, тмин, кардамон, куркума и другие приправы продаются в специализированных магазинах.*

Овощи

Трехцветные тортеллини с грибами

60 тортеллини
Приготовление: 3 часа

На 3 тортеллини:
Калории **180**
Протеин **8 г**
Холестерол **18 мг**
Жиры **5 г**
Содиум **95 мг**

шафрана	1/8 ч.л.
соли	1/2 ч.л.
пшеничной муки	350 г
манной крупы	125 г
небольших взбитых яйца	2
томатной пасты	2 ст.л.
вареного шпината, мелко порезанного	60 г
оливкового масла	1 ст.л.
Грибная начинка	
оливкового масла	1 ст.л.
раздавленных зубчика чеснока	2
сухих грибов, вымоченных в 150 мл горячей воды	60 г
мелко порубленных грибов	350 г
свежих побега тимьяна, только листья	2
соли	1/4 ч.л.
коньяку	1 ст.л.
мускатного ореха	1/4 ч.л.
молотого черного перца	1/4 ч.л.
сыра Рикотта	75 г
мелко порубленной петрушки	2 ст.л.
Сырный соус	
раздавленных зубчика чеснока	3
оливкового масла	1 ч.л.
плавленого сыра	400 г
мелко порубленной петрушки	4 ст.л.
тертой кожуры лимона	1/2 ч.л.
соли	1/4 ч.л.

Приготовление соуса. Налить в сотейник масло, разогреть и всыпать в него чеснок. Держать на огне 5 минут, помешивая. Переложить чеснок в глубокую тарелку и добавить туда сыр, петрушку, кожуру лимона и соль. Тщательно перемешать.

Приготовление начинки. Поставить на небольшой огонь сотейник с маслом и чесноком. Накрыть крышкой. Снять через 5 минут. Вынуть грибы из воды, промыть и мелко порезать. Процедить оставшуюся жидкость через бумажный фильтр и отлить 3 ст. л. в стакан. В большом сотейнике смешать вымоченные и свежие грибы. Добавить чеснок, соль, тимьян, 3 ст. л. отфильтрованной жидкости и коньяк и тушить на небольшом огне под закрытой крышкой 20 минут. Снять крышку и увеличить огонь. Выпарить избыток жидкости, постоянно помешивая. Переложить смесь в глубокую тарелку и приправить мускатным орехом и перцем. Тщательно перемешать с сыром и петрушкой.

Приготовление теста. Смолоть шафран с небольшим количеством соли в ступке. Насыпать в миску 1/3 муки, 1/3 манной крупы, 1/3 взбитых яиц и шафран. Перемешать миксером, пока не образуются крошки, напоминающие хлебные.

Лепим тортеллини

1 Вырезать из теста кружки по 5 см в диаметре. Положить на каждый 1/2 ч.л. начинки. Увлажнить края теста водой.

2 Аккуратно слепить края теста пальцами.

3 Соединить свободные уголки и загнуть края теста, как показано на рисунке.

Постепенно добавить воду (не больше 4 ст. л.) и месить. Тесто образует шар. Накрыть миску с тестом пленкой и оставить на некоторое время.

В другой миске смешать до образования «крошек» половину оставшейся муки, манной крупы и яиц. Добавить томатную пасту, воду и сформовать второй шар. Накрыть миску пленкой.

Приготовить такое же тесто из остатков муки, манной крупы, яиц и шпината.

Раскатать тесто тонким слоем и нарезать из него круги по 5 см в диаметре. Слепить тортеллини как показано на рисунке. Готовые тортеллини складывать на посыпанную мукой поверхность, следя, чтобы они не соприкасались.

Налить в большой сотейник 2 л воды и довести до кипения. Всыпать часть тортеллини и варить 3—5 минут, пока они не всплывут. Вынуть шумовкой из воды, обсушить и слегка сбрызнуть оливковым маслом. Нанизать на соломинки и подать с соусом по вкусу.

ПРИМЕЧАНИЕ: *тесто можно замесить и руками. Не забыть дать постоять готовому тесту примерно 1 час. Раскатывать энергично; посыпать поверхность мукой, чтобы тесто не прилипало.*

Молодой картофель с сыром Пармезан

30 порций
Приготовление: 20 минут

На 1 картофель:
Калории **65**
Протеин **2 г**
Холестерол **0 г**
Жиры **3 г**
Содиум **60 мг**

мелкого картофеля	1,5 кг
оливкового масла	4 ст.л.
натертого сыра Пармезан	60 г
свежего укропа, чеснока, петрушки или мяты мелко порезанных	30 г
соли	1/2 ч.л.
молотый черный перец	

Сложить картофель в кастрюлю, залить водой и варить 15 минут. Затем тщательно промыть.

Смешать масло, сыр, соль, специи и перец в отдельном сосуде. Покрыть картофель полученной смесью. Наколоть на палочки. Подавать теплым или горячим.

Соус с томатами и анчоусами

10 порций
Приготовление: 1 час

Состав:
Калории **55**
Протеин **3 г**
Холестерол **0 г**
Жиры **2 г**
Содиум **155 мг**

зубчиков чеснока	7
оливкового масла	1 ст.л.
филе анчоусов, промытые и обсушенные	4
помидоров, очищенных от кожуры и зерен и порезанных	750 г
порошка орегано	3/4 ч.л.
томатной пасты	1 1/2 ст.л.
красного винного уксуса	1 1/2 ст.л.
черной патоки	1 1/2 ч.л.
капусты брокколи	250 г
грибов	175 г
базилика, мелко порубленного	1 ст.л.
сладкий красный перец, очищенный от кожуры и зерен и порезанный небольшими кубиками	1
сладкий желтый перец, очищенный от кожуры и зерен и порезанный небольшими кубиками	1
цветной капусты	350 г

Положить масло и чеснок в сотейник. Поставить на небольшой огонь и раздавить чеснок деревянной ложкой, по мере того как он будет становиться мягким. Примерно через 10 минут добавить анчоусы и помешивать еще 5 минут. Следить, чтобы не подгорело.

Добавить помидоры, орегано, томатную пасту, уксус и сахар и тушить 20—30 минут, иногда помешивая.

Налить в сотейник воды. Установить пароварку и довести воду до кипения. Положить капусту брокколи в пароварку на 1 минуту. Вынуть и остудить. Обтереть грибы чистой влажной тканью и порезать небольшими кубиками.

Процедить соус через сито, не теряя мякоть. Добавить базилик. Перелить соус в жаростойчивую посуду и поставить на небольшой огонь.

Красиво расположить капусту, грибы и перец на блюде. Подать вилки с длинными ручками или длинные бамбуковые палочки, чтобы накалывать кусочки и обмакивать их в соус.

ПРИМЕЧАНИЕ: *соус может быть приготовлен заранее и подогрет перед подачей; базилик добавлять в последнюю минуту.*

Сладкий лук и куржет с начинкой

48 порций
Приготовление: 1 час 10 минут

На 1 порцию:
Калории **15**
Протеин **0 г**
Холестерол **0 мг**
Жиры **1 г**
Содиум **25 мг**

небольших сладких луковиц	12
оливкового масла	2 ст.л.
раздавленных зубчика чеснока	3
спелых помидоров, очищенных от кожицы и зерен и порезанных	500 г
мелко порезанных листьев базилика или 1 ст.л. сушеного базилика	1 ст.л.
томатной пасты	2 ст.л.
соли	1/2 ч.л.
молотый черный перец	
куржет по 15 см в длину	3
сахара	1 ст.л.
крошек пшеничного хлеба	30 г
сухих трав	1 ч.л.
тертого сыра Пармезан	15 г

Очистить луковицы и обрезать у них донышки, чтобы они могли стоять. Обрезать верх у каждой луковицы и вынуть сердцевину ложкой или острым ножом. Оставшиеся стенки должны быть 5 мм в толщину.

Мелко порезать сердцевинки луковиц. Нагреть сотейник, налить в него 1 ст. л. масла, положить в него лук и обжаривать 4—5 минут. Добавить чеснок, томаты и базилик. Накрыть сотейник крышкой и держать на огне до образования однородной массы. Добавить томатную пасту, соль, перец и тушить. Процедить смесь через сито. Очистить куржет и разрезать их пополам в длину. Приправить лук и куржет солью и перцем.

Разогреть масло на сковороде. Добавить сахар и дать ему раствориться, превратив в светло-коричневую карамелизованную массу. Уменьшить огонь и положить луковицы в сковороду. Покрыть их карамельной массой и отодвинуть в сторону. Положить на сковороду куржет и слегка обжарить. Накрыть сковороду крышкой и оставить на небольшом огне на 5—8 минут. Разогреть гриль. Начинить каждую луковицу томатной смесью. Остатки смеси выложить на куржет. Разрезать каждую куржет на 6 частей.

Положить начиненные овощи на противень. Смешать хлебные крошки, сухие травы и сыр Пармезан. Посыпать полученной смесью овощи и поставить их в гриль. Вынуть, как только луковицы и куржет станут золотисто-коричневыми. Подавать теплыми.

ПРИМЕЧАНИЕ: *Овощи могут быть подготовлены и начинены заранее. Ставить в гриль непосредственно перед подачей.*

Сворачивание треугольных конвертов

1 Расположить полоску теста короткой стороной к себе. Слегка смазать тесто маслом. Положить чайную ложку начинки примерно в 2 см от края. Поднять один угол полоски и накрыть им начинку, образуя треугольник.

2 Взять треугольник обеими руками и завернуть его еще раз «от себя».

3 Продолжать сворачивать конверт, пока не кончится полоска теста. Обрезать излишки теста, если они есть.

Миниатюрные самоса

32 порции
Приготовление: 1 час 15 минут

картофеля, очищенного и порезанного	250 г
моркови, порезанной ломтиками	90 г
сушеных грибов, вымоченных в горячей воде	7 г
зерен мака	1 ч.л.
несоленого масла	40 г
небольшая луковица, мелко порезанная	1
молодого очищенного горошка	60 г
свежего имбирного корня, мелко порезанного	1 см
гарам масала	1/2 ч.л.
соли	1/2 ч.л.
кайенского перца	1/2 ч.л.
тонких листа готового теста, 45х30 см	4
листья кориандра для украшения	
Соус	
побегов кориандра, взять только листья и мелко порубить	15
низкокалорийного йогурта	1/4 л
молотый черный перец	

На 1 самоса:
Калории **25**
Протеин **1 г**
Холестерол **3 мг**
Жиры **1 г**
Содиум **35 мг**

Сварить отдельно картофель и морковь, пока они не станут мягкими. Через 12—15 минут слить воду и остудить овощи. Порезать морковь тонкими ломтиками и потолочь картофель. Слить грибы, отжать и мелко порезать.

Положить маковые зерна на горячую сковороду. Снять с огня, как только они начнут менять цвет. Растопить 7 г масла на сковороде. Поджарить лук, пока он не станет золотисто-коричневым. Добавить грибы, горошек и имбирь. Жарить 2—3 минуты, постоянно помешивая. Добавить картофель и морковь и тщательно перемешать. Снять с огня и приправить гарам масала, солью и перцем.

Разогреть духовку до 200 °C. Разрезать лист теста на 8 полосок по 30х5,5 см. Тесто, которое вы не используете в данный момент, держите накрытым влажной тканью. Растопить оставшееся масло и смазать им полоски теста. Завернуть начинку в треугольные конверты из теста, как показано на рисунке. Сложить готовые конверты открытой стороной вниз на слегка смазанный маслом противень и поставить в духовой шкаф на 15—20 минут.

Приготовление соуса. Тщательно смешать йогурт с кориандром и приправить черным перцем. Украсить самоса листьями кориандра и подавать горячими с соусом.

Кальцоне со шпинатом и сыром

30 порций
Подготовка: 40 минут
Приготовление: 1 час 30 минут

На 1 кальцоне:
Калории **85**
Протеин **4 г**
Холестерол **10 мг**
Жиры **2 г**
Содиум **150 мг**

сахара	1/2 ч.л.
свежих дрожжей (или 15 г сухих)	30 г
пшеничной муки	500 г
соли	1 ч.л.
оливкового масла	1 ст.л.
яичный желток, взбитый с 2 ч.л. воды	1
Начинка	
шпината, вымыть, стебли удалить	500 г
низкокалорийного сыра Рикотта	125 г
тертых мускатных орехов	1/2 ч.л.
соли	1/4 ч.л.
молотый черный перец	
низкокалорийных сырных палочек Моццарелла, порезать кубиками	125 г

Приготовление теста. Растворить сахар в 300 мл теплой воды, добавить дрожжи. Оставить на 10—15 минут, чтобы дрожжи растворились. Сухие дрожжи разводить в соответствии с инструкциями на упаковке. Насыпать горкой муку и соль и сделать в центре углубление. Влить туда дрожжи и оливковое масло и перемешать. Месить тесто руками 5—6 минут. Добавить еще муки, если тесто слишком прилипает. Положить тесто в слегка смазанный маслом сосуд и оставить в теплом месте на 45 минут. Тесто должно подняться и увеличиться в объеме в 2 раза.

Приготовление начинки. Вынуть шпинат из воды и, не отряхивая, положить в сотейник. Накрыть крышкой и тушить на среднем огне 2—3 минуты. Слить воду. Добавить сыр, специи и обработать миксером. Смешать массу с кубиками Моццарелла.

Разогреть духовку до 220 °C.

Взять тесто, слегка замесить, уменьшая в объеме, и тонко раскатать. Вырезать 30 кружков по 7,5 см в диаметре. Положить на каждый кружок чайную ложку начинки. Смазать края теста желтком и защипать. Смазать поверхность желтком и слегка надрезать небольшой кальцоне.

Выпекать в духовом шкафу 8—10 минут. Подавать теплыми.

ПРИМЕЧАНИЕ: *Тесто можно приготовить заранее и хранить в холодильнике 24 часа.*

Тарталетки с начинкой из баклажанов, томатов и крабов

12 тарталеток
Подготовка: 30 минут
Приготовление: 35 минут

На 1 тарталетку:
Калории **90**
Протеин **4 г**
Холестерол **10 мг**
Жиры **4 г**
Содиум **80 мг**

тонких ломтей белого хлеба	12
оливкового масла	3 ст.л.
баклажанов, очистить и порезать	250 г
зубчик чеснока	1
томатов, очистить от кожуры и зерен	125 г
лимона, только сок	1/2
соли	1/2 ч.л.
молотый черный перец	
белого крабового мяса	125 г
дольки лимона для украшения	

Разогреть духовку до 200 °C.

Нарезать из хлеба круги по 7,5 см в диаметре. Смазать хлеб с каждой стороны маслом и положить в формы для тарталеток. Выпекать в духовом шкафу, пока хлеб не станет золотистым, примерно 10 минут.

Приготовление иачинки. Разогреть сковороду, налить на нее немного оливкового масла, положить баклажаны и чеснок и тушить несколько минут. Когда баклажаны станут коричневыми, добавить томаты, сок лимона, соль и перец. Увеличить огонь и выпарить всю жидкость. Выложить смесь в тарталетки и посыпать крабовым мясом.

Накрыть тарталетки листом фольги и поставить на несколько минут в духовку. Подавать горячими. Украсить ломтиками лимона.

ОВОЩИ

Сосиски из баклажанов

40 сосисок
Подготовка: 1 час
Приготовление: 1 час 30 минут

На 1 сосиску:
Калории **35**
Протеин **2 г**
Холестерол **5 мг**
Жиры **2 г**
Содиум **65 мг**

баклажанов	750 г
картофеля, очистить и порубить	250 г
свежих крошек черного хлеба	175 г
мягкого сыра	125 г
яйцо, слегка взбить	1
небольшие луковицы, мелко порубить	2
томатной пасты	2 ч.л.
петрушки, порубить	1 ст.л.
розмарина, порубить	1 ст.л.
тертых мускатных орехов	1 ч.л.
соли	1/2 ч.л.
молотый черный перец	
натуральная оболочка для сосисок, вымочить в подкисленной воде 1 час	2 метра
растительного масла	1 ч.л.
прозрачного меда	2 ч.л.
Для соуса	
плавленого сыра	250 г
зеленых зерен перца	2 ч.л.
рубленых каперсов	2 ст.л.
рубленого эстрагона	1 ст.л.
эстрагонного уксуса	2 ч.л.

Разогреть духовку до 220 °C. Разрезать баклажаны пополам в длину и положить их на выстеленный фольгой противень. Выпекать, пока не станут мягкими, 20—30 минут.

Варить картофель в кипящей воде в течение 3—5 минут. Слить жидкость и дать остыть.

Вынуть баклажаны из духовки. Отделить мякоть и выбросить кожуру. Смешать миксером картофель, баклажаны, хлебные крошки и мягкий сыр в пюре. Добавить яйцо, томатную пасту, лук, петрушку, розмарин, мускатный орех, соль и перец и снова обработать миксером.

Распутать связку оболочек и разрезать ее пополам. Промыть изнутри и снаружи холодной водой; обсушить. Сделать сосиски длиной 2,5 см, как показано на странице 98.

Сложить связку сосисок на слегка смазанный маслом противень и смазать их сверху маслом. Выпекать в духовке 12—15 минут, пока сосиски не станут золотисто-коричневыми.

Тем временем приготовить соус, смешав все ингредиенты. Разогреть в небольшом сотейнике мед. Остудить связку сосисок, отрезать их друг от друга ножницами и смазать растопленным медом. Подавать горячими с соусом.

ПРИМЕЧАНИЕ: натуральные оболочки для сосисок представляют собой очищенные кишки овцы, поросенка или быка. Их можно заказать у мясника или в специальном магазине. Для небольших сосисок рекомендуется использовать оболочки из внутренностей ягненка.

Пицца-тарталетки

24 тарталетки
Подготовка: 1 час
Приготовление: 1 час 45 минут

На 1 тарталетку:
Калории **70**
Протеин **2 г**
Холестерол **0 г**
Жиры **3 г**
Содиум **45 мг**

оливкового масла	1 1/2 ст.л.
крупные луковицы, порезать тонкими ломтями	2
крупный зубчик чеснока, мелко порубить	1
филе анчоусов, вымочить в молоке 30 минут, промыть холодной водой, обсушить	6
черных оливок без косточек, порезать на 4 части	12
Для теста	
свежих дрожжей (или 7 г сухих)	15 г
пшеничной муки	250 г
соли	1/4 ч.л.
оливкового масла	1 1/2 ст.л.
рубленого розмарина или 1/2 ч.л. сухого розмарина	1 ч.л.

Приготовление теста. Растворить свежие дрожжи в 2 ст. л. теплой воды. При использовании сухих дрожжей следовать инструкции на упаковке. Насыпать муку горкой, добавить соль. Сделать углубление в центре и влить туда растворенные дрожжи. Добавить 1 ст. л. масла, розмарин и 125 мл теплой воды. Тщательно перемешать. Замесить тесто руками, пока оно не станет однородным и эластичным.

Вылить оставшееся масло в сосуд. Сформовать из теста шар и положить его в тот же сосуд. Покрыть тесто маслом. Накрыть тесто влажной салфеткой и поставить в теплое место на 1 час.

Приготовление начинки. Разогреть масло на сковороде, положить туда лук и чеснок и тушить на небольшом огне 40 минут, иногда добавляя воду, чтобы избежать пригорания. Порезать филе анчоусов в длину, на 4 полосы каждое. Разрезать полоски пополам в ширину.

Разогреть духовку до 200 °C. Слегка замесить тесто на посыпанной мукой поверхности. Разделить тесто на 24 порции. Раскатать каждый кусок, придав ему форму круга 6 см в диаметре. Наполнить каждую тарталетку смесью лука и чеснока, положить сверху 2 полоски анчоусов и 2 четвертинки оливок. Выпекать в духовке, пока тесто не поднимется и не станет слегка золотистым. Подавать горячими.

Подготовка креветки

1. Разрезать раковину. Отрезать и выбросить головку креветки, осторожно удалить ножки. Разрезать раковину креветки вдоль брюшка маленькими кухонными ножницами.

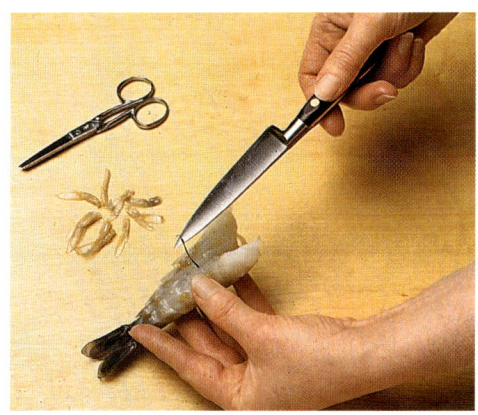

2. Надрезать креветку. Острым ножом надрезать креветку, не повредив раковины. Удалить темную ниточку кишечного тракта.

3. Раскрыть креветку. Положить креветку на стол раковиной вверх. Нажать на спинку пальцами, пока не хрустнет раковина. Или разрезать креветку вместе с раковиной в длину, оставив в середине нетронутым 1 см. Расправленные части креветки будут напоминать крылья бабочки.

Креветки с имбирем

12 креветок
Подготовка: 30 минут
Приготовление: 2 часа 30 минут

На 1 креветку:
Калории **30**
Протеин **3 г**
Холестерол **20 мг**
Жиры **2 г**
Содиум **30 мг**

свежих средиземноморских креветок, подготовить как показано на рисунке	12
соевого соуса	4 ст.л.
сока лимона	2 ч.л.
меда	2 ч.л.
имбирный корень, очистить и мелко порубить или выжать сок	2,5 см
зубчик чеснока, мелко порубить	1
смесь 5 китайских специй	1/2 ч.л.
легкого кунжутного масла	1 ст.л.
листья салата для украшения	
дольки лимона для украшения	

Смешать сок лимона, соевый соус, мед, имбирь и специи в глубокой фарфоровой или эмалированной посуде. Положить в эту смесь креветки спинками вверх и поставить в прохладное место на 2 часа.

Разогреть гриль. Смазать огнеупорную сковороду 1 ч. л. масла. Вынуть креветки из маринада и положить на сковороду снова спинками вверх. Смазать раковины оставшимся маслом и поставить сковороду в гриль на 3—5 минут. Обжарить креветки с обеих сторон.

Поставить оставшийся маринад на огонь и выпаривать, пока не останется 1 столовая ложка смеси. Смазать ею готовые креветки с обеих сторон. Подавать горячими, украсив листьями салата и дольками лимона.

Сигара Борек
с аспарагусом и сыром Пармезан

БОРЕК – ТУРЕЦКОЕ НАЗВАНИЕ БЛЮД ИЗ ТЕСТА С ОСТРОЙ НАЧИНКОЙ.

12 сигар
Подготовка: 15 минут
Приготовление: 30 минут

На 1 сигару:
Калории **20**
Холестерол **0 г**
Протеин **1 г**
Жиры **1 г**
Содиум **15 мг**

побегов аспарагуса, обрезать и очистить	12
тонко раскатанного теста, 45х30 см	2 листа
мелко натертого сыра Пармезан	3 ч.л.
оливкового масла	1/2 ч.л.

Побеги аспарагуса по 10 см в длину положить в кипящую воду на 3 минуты, слить через дуршлаг и промыть холодной водой. Осушить бумажными салфетками. Выложить листы теста на слегка посыпанную мукой поверхность. Разрезать каждый лист пополам в длину, затем 3 раза поперек, чтобы получилось 12 квадратов 15х15 см. Посыпать каждый квадрат тертым сыром.

Остальные листы теста рекомендуется накрыть влажной салфеткой, чтобы они не пересохли.

Положить палочку аспарагуса на квадрат теста, слегка посыпать черным перцем. Обернуть тесто вокруг аспарагуса, сформовав сигару.

Сложить сигары на противень и слегка смазать сверху маслом. Выпекать в духовке 5—7 минут с каждой стороны. Подавать горячими.

75

Мидии на раковине

20 мидий
Приготовление: 30 минут

На 1 мидию:
Калории **25**
Протеин **4 г**
Холестерол **10 мг**
Жиры **1 г**
Содиум **70 мг**

очищенных мидий	20
лимон, порезать треугольниками	1
Для приправы	
оливкового масла	2 ч.л.
луковиц сладкого укропа, мелко порубить	50 г
томатов, очистить от кожуры и семян (см. стр. 76) и порезать	250 г
уксуса	0,5 ч.л.
томатной пасты	1 ч.л.
зубчик чеснока, раздавить	1
соли	1 ч.л.
молотый черный перец	
сладкого укропа или петрушки, мелко порубить	15 г

Налить в кастрюлю 4 столовых ложки воды. Положить туда мидии, накрыть кастрюлю крышкой и довести воду до кипения. Тушить мидии, пока не откроются их раковины, 4—5 минут. Выбросить все нераскрывшиеся раковины.

Удалить половину раковины с каждой мидии. Пальцами или ложкой отделить соединительную пленку. Вернуть мидии обратно в половинки ракушек и положить на огнеупорное блюдо. Разогреть духовку до 190 °C.

Приготовление приправы. Вылить масло в сотейник и подогреть его на небольшом огне. Бросить туда луковицы укропа и тушить примерно 5 минут. Добавить томаты, уксус, томатную пасту, чеснок, соль и перец и тушить 10 минут. Затем добавить сладкий укроп или петрушку.

Чайной ложкой положить немного приправы в каждую раковину. Накрыть блюдо с мидиями фольгой и поставить в духовку на 5 минут. Подавать немедленно с ломтиками лимона.

Подготовка томатов

1 Удалить кожицу. Острым ножом вырезать сердцевину помидора, сделав углубление конической формы у ножки. Наметить ножом крестообразный надрез, опустить томат в кипяток на 10—30 секунд, остудить в холодной воде. Счистить ножом кожицу.

2 Удалить зерна. Разрезать очищенный томат пополам. Осторожно сжать половинку, выдавливая сок и зерна. Перехватить томат и снова сдавить. Удалить оставшиеся зерна чайной ложкой или тупым ножом.

Острая рыбная закуска

50 порций
Подготовка: 25 минут
Приготовление: 1 час 10 минут

На 1 порцию:
Калории **25**
Протеин **3 г**
Холестерол **10 мг**
Жиры **1 г**
Содиум **20 мг**

спелых томатов, порезать; или 800 г консервированных томатов без рассола	1,25 кг
оливкового масла	2,5 ст.л.
небольшая луковица, мелко порубить	1
зубчика чеснока, раздавить	2
небольшой сладкий зеленый перец, без кожуры и без зерен	1
свежего зеленого острого перца (подготовка см. стр.18)	15 г
сахара	1 ч.л.
сока лимона	1 ч.л.
дижонской горчицы	1 ч.л.
соли	1 ч.л.
молотый черный перец	
филе пикши	1 кг

Тщательно протереть томаты через сито.

Разогреть 0,5 столовой ложки масла в сотейнике. Обжарить в нем лук, пока он не станет золотистым. Добавить чеснок и сладкий зеленый перец, перемешать, затем добавить острый перец, томатное пюре, сахар, горчицу и сок лимона.

Довести до кипения, потом убавить огонь и выпаривать жидкость примерно 40 минут. Когда останется около 350 мл массы, приправить солью и черным перцем.

Очистить филе рыбы и порезать небольшими кубиками. Разогреть 1 столовую ложку масла в большом сотейнике, положить туда половину подготовленной рыбы на 2—3 минуты. Вынуть шумовкой готовую рыбу и переложить в соус. Вымыть сотейник и обжарить в нем оставшуюся рыбу. Переложить рыбу в сотейник с соусом, перемешать и оставить на некоторое время на небольшом огне.

Налить немного соуса на блюдо, выложить туда рыбные кубики и полить их соусом сверху. Подавать горячими. Подать также маленькие вилки на длинных ручках или деревянные палочки.

Шарики с начинкой из эскалопа и лимона

16 шариков
Подготовка: 40 минут
Приготовление: 1 час 20 минут

На 1 шарик:
Калории **80**
Протеин **6 г**
Холестерол **45 мг**
Жиры **4 г**
Содиум **105 мг**

сырых эскалопов, промыть и порезать полосками по 5 мм	350 г
кукурузной муки	1,5 ч.л.
сока лимона	1,5 ст.л.
тертой кожуры лимона	0,25 ч.л.
мелко порезанной петрушки	1,5 ст.л.
соли	0,25 ч.л.
молотый черный перец	
плавленого сыра	60 г
Для теста	
несоленого масла	60 г
соли	0,25 ч.л.
пшеничной муки	75 г
яйца	2
кайенский перец	

Приготовление теста. Положить масло и соль в сотейник, влить 150 мл воды и довести до кипения. Всыпать муку и энергично замесить. Снять с огня. Взбить яйца с кайенским перцем и постепенно ввести в тесто.

Разогреть духовку до 230 °C. Смазать маслом противень. Приготовить кондитерский шприц с наконечником диаметром 2 см; наполнить его тестом и выдавить на противень 16 шариков среднего размера. Поставить шарики в духовку на 10 минут, затем уменьшить нагрев до 180 °C и выпекать 25—30 минут, пока шарики не поднимутся и не подрумянятся. Срезать с каждого шарика верхушку, чтобы вышел пар.

Приготовление начинки. Посыпать эскалопы кукурузной мукой. Разогреть сковороду с антипригарным покрытием, положить на нее эскалопы и поджарить, встряхивая время от времени. Уменьшить огонь, добавить сок лимона и его кожуру, петрушку, соль, перец и сыр.

Держать на огне примерно 2 минуты, постоянно помешивая.

Подогреть шарики в теплой духовке. Наполнить их начинкой и немедленно подавать.

ПРИМЕЧАНИЕ: шарики можно приготовить заранее и хранить в воздухонепроницаемом контейнере до 5 дней. Или же уже начиненные шарики могут быть заморожены и разогреты в духовке непосредственно перед подачей.

Конверты с семгой

16 конвертов
Подготовка: 20 минут
Приготовление: 1 час

На 1 порцию:
Калории **55**
Протеин **3 г**
Холестерол **10 мг**
Жиры **2 г**
Содиум **85 мг**

свежего филе семги	175 г
копченой семги, мелко порубить	60 г
сока лимона	1 ст.л.
мелко порезанного укропа	1 ч.л.
молотый черный перец	
конвертов	16

Очистить филе семги и удалить все кости, даже самые мелкие. Затем мелко порезать и смешать с копченой рыбой. Добавить сок лимона, укроп и черный перец. Оставить мариноваться на 30—60 минут.

Положить примерно 1 чайную ложку в центр квадратика теста. Смочить края водой и слепить четыре края в центре.

Положить конверты в бамбуковую или стальную пароварку, закрыть и поставить на кастрюлю с кипящей водой. Снять, как только конверты станут прозрачными, через 2—5 минут. Тут же подавать.

ПРИМЕЧАНИЕ: *приготовление теста для конвертов. Смешать 1 яйцо и 4 столовых ложки воды; добавить муку и замесить тесто; разделить массу пополам и тонко раскатать; вырезать 16 равных квадратов.*

Тосты с креветками и кунжутом

48 тостов
Подготовка: 45 минут
Приготовление: 1 час

На 1 тост:
Калории 15
Протеин 1 г
Холестерол 5 мг
Жиры 0 г
Содиум 25 мг

сока лимона	1 ч.л.
вареных очищенных креветок, мелко порубить	125 г
филе любой белой рыбы	175 г
сухого вермута	2 ч.л.
яичный белок	1
соли	0,25 ч.л.
плавленого сыра	3 ст.л.
мелко порубленного зеленого лука	3 ст.л.
кайенский перец	
тонких ломтей белого хлеба, порезать квадратами со стороной 9 см	6
белых зерен кунжута	4 ст.л.
листья салата для украшения	

Залить креветки соком лимона и поставить в прохладное место. Смешать рыбное филе, вермут, яичный белок и соль миксером. Поставить смесь на лед.

Тщательно перемешать плавленый сыр, кайенский перец, лук и креветки. Разогреть духовку до 200 °C.

Слегка поджарить хлеб в гриле, чтобы он приобрел золотистый цвет. Намазать подготовленную смесь на тосты, посыпать зернами кунжута. Разрезать тосты на 8 частей, чтобы получились треугольники. Сложить их на противень и выпекать 15—20 минут. Подавать теплыми на листьях салата.

Гужоны с укропом и соусом с корнишонами

10 порций
Подготовка: 20 минут
Приготовление: 30 минут

Состав:
Калории **95**
Протеин **9 г**
Холестерол **40 мг**
Жиры **2 г**
Содиум **65 мг**

овсяных хлопьев	125 г
яичный белок	1
сока лимона	1 ч.л.
ржаной муки	1 ст.л.
соли	0,25 ч.л.
молотый черный перец	
филе камбалы, очистить для соуса	350 г
свежих сливок	175 г
густого греческого йогурта	175 г
небольших корнишона, мелко порубить	2
мелко порезанного укропа	1 ч.л.
лимон, тертая кожура	1
молотый черный перец	
веточка укропа для украшения	

Разогреть духовку до 220 °C.

Высыпать овсяные хлопья на противень и подсушить в духовке, пока они не станут золотистыми, примерно 10—15 минут. Хлопья следует время от времени встряхивать, чтобы они не подгорели. Вынуть из духовки и остудить.

Приготовление соуса. Смешать сливки, йогурт, корнишоны, укроп, лимонную кожуру и перец. Украсить веточкой укропа перед подачей.

Слегка взбить яичный белок и сок лимона; смешать овсяные хлопья с мукой, солью и перцем. Порезать филе камбалы полосками по 7,5х1 см. Окунуть рыбные палочки в яичный белок и обвалять в овсяных хлопьях. Сложить на противень и поставить в духовку на 3—5 минут. Палочки должны стать мягкими и подрумяниться. Подавать горячими с соусом.

Рулеты из бекона и белой рыбы

18 рулетов
Подготовка: 15 минут
Приготовление: 45 минут

На 1 порцию:
Калории **70**
Протеин **6 г**
Холестерол **25 мг**
Жиры **5 г**
Содиум **110 мг**

филе пикши или палтуса, без костей и кожи	500 г
мелко порезанного тимьяна	0,5 ч.л.
лавровый лист, измельчить	1
молотый черный перец	
лимон, только сок	1
тонких ломтиков бекона, обрезать жир и порезать пополам в длину	9

Порезать филе рыбы на 18 кубиков, сложить их в сотейник и приправить тимьяном, лавровым листом, перцем; добавить сок лимона. Встряхнуть кубики, чтобы они были одинаково покрыты специями, и дать постоять 30 минут. Вымочить 18 коротких деревянных палочек в холодной воде в течение 10 минут, чтобы они не обгорели в гриле.

Удалить кусочки лаврового листа из маринада. Обернуть каждый кубик рыбы полоской бекона и скрепить палочкой. Поставить рулеты в горячий гриль на 4—5 минут. Обжарить с обеих сторон. Подавать горячими.

Палтус по-киевски

ЭТО РАЗНОВИДНОСТЬ ТРАДИЦИОННОЙ РУССКОЙ ЗАКУСКИ. МЫ ПРЕДЛАГАЕМ РЫБУ, ЗАВЕРНУТУЮ В СТРУЧКИ МОЛОДОГО ГОРОХА, ВМЕСТО ЛОМТЕЙ МЯСА.

На 1 порцию:
Калории **20**
Протеин **3 г**
Холестерол **10 мг**
Жиры **1 г**
Содиум **25 мг**

24 порции
Подготовка: 15 минут
Приготовление: 1 час 20 минут

филе палтуса или пикши, без костей и кожицы	300 г
мелко натертой кожуры лимона	0,5 ч.л.
соли	1/8 ч.л.
белый перец	
очищенных горошин	45 г
несоленого масла	7 г
стручка молодого гороха	24

Тщательно перемешать миксером филе рыбы, кожуру лимона, соль и перец до образования густой пасты. Поставить смесь в холодильник на 1 час.

Варить горошины 3—4 минуты, затем слить и промыть в холодной воде. Растопить в сотейнике масло, снять с огня и бросить туда горошек.

Разделить рыбную смесь на 24 порции. Скатать из каждого куска шарик, затем сплющить ладонью, придав ему форму диска примерно в 7.5 см в диаметре. Положить в центр диска несколько горошин и снова сформовать шар. Горошины должны остаться внутри. Обернуть каждый шарик стручком гороха и скрепить деревянной палочкой. Налить в сотейник немного воды, установить пароварку и довести воду до кипения. Сложить шарики в пароварку, накрыть крышкой и парить 5 минут. Подавать немедленно.

Полумесяцы с рыбной начинкой

40 порций
Подготовка: 1 час
Приготовление: 2 часа 20 минут

На 1 порцию:
Калории **90**
Протеин **4 г**
Холестерол **20 мг**
Жиры **4 г**
Содиум **40 мг**

свежих дрожжей или 15 г сухих	30 г
молока	0,25 л
несоленого масла	75 г
пшеничной муки	500 г
соли	0,5 ч.л.
яйцо	1
зерен тмина для украшения	2 ст.л.
Для начинки	
несоленого масла	0,5 ч.л.
небольшая луковица, мелко порубить	1
несоленого рыбного бульона (см. стр.139)	300 мл
филе сельди	250 г
филе лосося	250 г
мелко порубленного укропа	2 ст.л.

Развести свежие дрожжи в 1 ст. л. теплой воды и оставить постоять 10 минут. При использовании сухих дрожжей следуйте инструкциям на упаковке. Подогреть молоко и масло в сотейнике. Насыпать муку и соль горкой и сделать углубление в центре. Влить туда молоко с маслом, разведенные дрожжи и яйцо. Тщательно перемешать. Выложить тесто на слегка присыпанную мукой поверхность и месить руками 10 минут, пока тесто не станет однородным и эластичным. Накрыть пластиковой пленкой и поставить в теплое место, чтобы тесто поднялось (на 60—90 минут).

Приготовление начинки. Разогреть масло на сковороде, добавить лук и тушить его 10 минут. Вскипятить рыбный бульон в сотейнике, добавить туда сельдь и лосось и держать на небольшом огне, пока рыба не проварится. Шумовкой вынуть рыбу из сотейника, удалить кожицу и расслоить мякоть. Выложить рыбу на сковороду, где тушится лук и посыпать укропом. Перемешать, снять с огня и остудить.

Разделить тесто пополам и раскатать тонким слоем. Вырезать 20 кружков по 6 см в диаметре. Положить начинку в центр каждого кружка и слепить края теста, чтобы получился полумесяц. Продолжать, пока не кончится все тесто и вся начинка. Смазать полумесяцы взбитым яйцом и посыпать тмином. Затем выложить на смазанный маслом противень на некотором расстоянии друг от друга. Разогреть духовку до 220 °C. Выпекать полумесяцы 10—15 минут, пока они не станут золотистыми. Слегка остудить и подавать.

Рулеты с палтусом и лимоном

24 рулета
Подготовка: 35 минут
Приготовление: 50 минут

На 1 порцию:
Калории **40**
Протеин **6 г**
Холестерол **20 мг**
Жиры **1 г**
Содиум **45 мг**

крупных листьев китайской капусты	12
палтус, порезать на 8 кусков филе и очистить	2
ломтики лимона для украшения	
Для начинки	
длинного коричневого риса	60 г
соли	0,25 ч.л.
грибов, порубить	60 г
томата, без кожуры и зерен, порезанные	2
измельченного кокоса	30 г
порошка карри	0,5 ч.л.
тертого имбирного корня	1 ч.л.

Приготовление начинки. Засыпать рис в 175 мл воды. Посолить и довести до кипения. Уменьшить огонь и варить 20 минут, пока рис не станет мягким, а вода не выпарится. Добавить грибы, томаты, кокосы, карри и имбирь. Тщательно перемешать.

Разогреть духовку до 220 °C. Вымочить 24 деревянные палочки в воде, чтобы они не обуглились в духовке. Выстелить противень пергаментной бумагой.

Бланшировать китайскую капусту в кипящей воде 15 секунд. Слить и промыть в холодной воде, затем снова слить. Разрезать каждый лист в длину пополам, удалив стержневую прожилку. Должны получиться полоски по 15 см в длину и 2 см в ширину. Разделить рисовую начинку на 24 части и выложить каждую порцию ровным слоем на лист.

Острым ножом разрезать каждое филе рыбы на 3 полоски по 2 см в ширину. Положить по кусочку филе на каждый лист с начинкой. Свернуть рулеты и скрепить их деревянными палочками.

Положить рулеты на противень и выпекать в духовке 5—6 минут. Листья станут ярко-зелеными, а рыба — мягкой.

Подавать теплыми, украсив лимонными дольками.

Сосиски из даров моря

На 1 порцию:
Калории **25**
Протеин **2 г**
Холестерол **10 мг**
Жиры **2 г**
Содиум **65 мг**

30 сосисок
Приготовление: 30 минут

филе палтуса	90 г
филе пикши	175 г
филе лосося (хвостовая часть)	125 г
яичный белок	1
горошин зеленого перца, слегка помолоть	1 ч.л.
тертой кожуры лимона	0,25 ч.л.
соли	1 ч.л.
оливкового масла	2 ст.л.
дольки лимона для украшения	

Отложить половину филе лосося и порубить остальное рыбное филе на куски средней величины и обработать миксером. Добавить в смесь яичный белок и снова запустить миксер. Полученная масса должна иметь консистенцию густой пасты. Мелко порубить оставленное филе лосося и смешать с рыбной пастой. Добавить перец, тертую кожуру лимона и соль.

Разделить пасту на 30 частей размером примерно с грецкий орех и придать каждой части форму сосиски. Разогреть на сковороде масло. Поджарить сосиски, постоянно переворачивая, пока они не подрумянятся. Подавать с дольками лимона.

Обжаривание на сковороде

Мы привыкли наливать достаточно масла на сковороду, чтобы избежать пригорания продуктов, но теперь, имея дело с низкокалорийными блюдами, необходимо соблюдать другие правила относительно обжаривания на сковороде.

На сковороды с антипригарным покрытием вообще не стоит класть масло. Однако если на такой сковороде появились царапины, то тонкая масляная пленка может быть очень кстати. Для этого нужно налить совсем немного растительного масла на сковороду и протереть ее бумажной салфеткой. Этой же салфеткой можно протирать сковороду еще несколько раз, поскольку она впитала в себя достаточно масла.

Сковороды, которые не имеют особого покрытия, следует покрывать масляной пленкой точно так же, используя лишь большее количество масла, примерно 1 чайную ложку. В этом случае дополнительное масло не повлияет на содержание калорий в продукте.

Куриные крылышки со специями

24 порции
Подготовка: 30 минут
Приготовление: 5 часов

На 1 порцию:
Калории **15**
Протеин **2 г**
Холестерол **10 мг**
Жиры **0 г**
Содиум **45 мг**

куриных крыльев	12
неароматизированного йогурта	150 мл
сока лимона	1 ст.л.
меда	1 ст.л.
имбирного корня, натереть	2,5 см
молотой куркумы	1 ч.л.
смеси молотого кориандра и тмина	1 ст.л.
соли	0,5 ч.л.
зеленый эндивий или салат для украшения	

Обрезать кончики крыльев. Разрезать крылья пополам по суставу и снять кожицу.

Смешать йогурт, сок лимона, мед, имбирь, куркуму, соль и специи. Покрыть этой массой крылья. Поставить в прохладное место на 4 часа или на ночь.

Разогреть духовку до 220 °C.

Вынуть курицу из маринада и сложить в жароупорную кастрюлю. Поставить в духовку на 15 минут. Слегка остудить и подавать с листьями салата.

ПРИМЕЧАНИЕ: *куриные крылышки можно также приготовить в гриле, время от времени переворачивая.*

Куриные кофта (шарики)

30 порций
Подготовка: 45 минут
Приготовление: 1 час

На 1 порцию:
Калории **20**
Протеин **2 г**
Холестерол **5 мг**
Жиры **1 г**
Содиум **30 мг**

бургула (грубо молотых зерен пшеницы)	60 г
стручков кардамона, только зерна	12
куриного мяса без кожуры и без костей	250 г
молотого кориандра	1 ч.л.
молотого тмина	0,5 ч.л.
мяты, мелко порезать	45 г
зубчик чеснока, измельчить	1
соли	0,5 ч.л.
молотый черный перец	
оливкового масла	2 ч.л.
дольки лимона для украшения	

Сложить бургул в небольшой сотейник и залить водой. Довести до кипения, уменьшить огонь и варить, пока зерна не станут мягкими, а вода не выпарится. Остудить.

Разогреть сковороду и высыпать на нее зерна кардамона. Жарить, помешивая, 1 минуту, затем снять с огня. Тщательно растереть кардамон пестиком и ступкой.

Разогреть гриль. Превратить куриное мясо, зерна кардамона, кориандр, тмин, мяту, чеснок, соль и перец миксером в пасту. Смешать с вареным бургулом. Из полученной массы сформовать 30 одинаковых шариков; смазать их маслом и поставить в гриль на 4—5 минут.

Шарики должны стать золотисто-коричневого цвета.

Подавать горячими, украсив дольками лимона.

Миниатюрные рулеты

32 рулета
Приготовление: 1 час 30 минут

На 1 порцию:
Калории **25**
Протеин **2 г**
Холестерол **10 мг**
Жиры **1 г**
Содиум **30 мг**

кукрузной муки	1,5 ч.л.
сухого шерри или саке	1 ч.л.
соли	0,5 ч.л.
белый перец	
белого куриного мяса, порезать тонкими полосками	125 г
сушеных грибов, вымочить в горячей воде 20 минут	7 г
яйцо	1
растительного масла	2 ст.л.
зубчик чеснока, мелко порубить	1
имбирного корня, мелко порубить	1 см
побегов фасоли	90 г
небольшой зеленый сладкий перец, очистить от кожуры и семян и порубить	1
моркови, мелко порубить	60 г
тонких листов теста, 45х30 см	8
сладкий желтый перец для украшения	1
Для фруктового соуса	
сока ананаса	0,25 л
имбирный корень, мелко порубить	0,25 ч.л.
лимона, выжать сок и натереть кожуру	0,5
соевого соуса	1 ч.л.
томатной пасты	0,25 ч.л.
кукрузной муки, растворить в 1,5 ч.л. воды	1 ч.л.
луковицы, мелко порубить	2

Смешать муку с шерри или саке, добавить 0,25 ч. л. соли и немного белого перца. Покрыть куриное мясо этой смесью и оставить на 10 минут. Отжать замоченные грибы и мелко их порезать.

Взбить яйцо в пену. Разогреть небольшую сковороду и вылить на нее яйцо. Остудить получившийся омлет и порезать его тонкими полосками.

Нагреть сковороду, вылить на нее 1 ч. л. масла и обжарить в нем куриное мясо, постоянно переворачивая. Через 30—40 секунд снять мясо со сковороды и положить в теплое место. Вылить на сковороду еще 1 ч. л. масла и обжарить в нем чеснок и имбирь; затем добавить грибы. Через минуту добавить побеги фасоли, зеленый перец и морковь. Посолить, поперчить и жарить 20—30 секунд. Снять сковороду с огня, остудить. Добавить к содержимому куриное мясо и омлет.

Разогреть духовку до 200 °C.

Разделить смесь на 32 части. Разрезать листы теста на полоски по 11х30 см. Те листы теста, с которыми непосредственно не работают, накрыть влажной салфеткой, чтобы избежать их пересыхания. Слегка смазать полоску теста маслом и положить на нее начинку, отступив по 1 см от краев. Завернуть начинку в лист теста, закрыв все края. Положить рулеты на слегка смазанный маслом противень и выпекать в духовке 15—20 минут, пока они не станут золотисто-коричневыми.

Приготовление соуса. Вскипятить сок ананаса в эмалированной посуде. Выпарить половину жидкости, добавить сок и кожуру лимона, имбирь и оставить на небольшом огне на 1 минуту. Добавить соевый соус, томатную пасту и кукурузную муку. Снять сосуд с огня и добавить к содержимому лук.

Срезать верхушку с желтого перца и удалить внутренние перегородки и зерна, чтобы получился сосуд для соуса. Подавать рулеты на подогретом блюде с соусом.

ПРИМЕЧАНИЕ: омлет нужен для того, чтобы поглотить жидкость и сделать блюдо хрустящим. Его можно заменить 30 г слегка поджаренных хлебных крошек.

Кручёная индейка

20 порций
Подготовка: 30 минут
Приготовление: 3 часа

На 1 порцию:
Калории **25**
Протеин **5 г**
Холестерол **10 мг**
Жиры **0 г**
Содиум **50 мг**

белого мяса индейки без кожи	300 г
клюквы	125 г
тонкие листики из кожуры лимона	
мёда	2 ч.л.
Для маринада	
тёртого имбирного корня	1 ст.л.
зубчик чеснока, измельчить	1
лимон, натёртая кожура и 1 ст.л. сока	1
неароматизированного йогурта	45 г
соли	0,5 ч.л.
соус Табаско	

Приготовление маринада. Тщательно перемешать имбирь, чеснок, мёд, лимон, йогурт, соль и несколько капель соуса Табаско. Тонко порезать мясо индейки и разделить его на полоски 12×1 см. Положить мясо в маринад и оставить на 2—3 часа.

Вымочить 20 небольших деревянных шампуров в холодной воде, чтобы не опалить их в духовке. Сложить лимонную кожуру, клюкву и мёд в небольшой сотейник. Добавить 2 столовых ложки воды и поставить на 3—4 минуты на небольшой огонь. Вынуть ягоды и кожуру ложкой из сотейника и остудить.

Насадить полоски мяса на шампуры в форме буквы S, перемежая ягодами клюквы.

Выстелить противень пергаментной бумагой и сложить на него шампуры. Поставить в гриль на 12—15 минут. Мясо станет мягким, а ягоды — ещё ярче.

Украсить шампуры листочками из кожуры лимона и подавать.

Фунтики со свининой

На 1 порцию:
Калории **55**
Протеин **4 г**
Холестерол **15 мг**
Жиры **3 г**
Содиум **15 мг**

12 порций
Подготовка: 20 минут
Приготовление: 1 час 20 минут

филе свинины, обрезать жир и мелко порубить	300 г
сухого шерри или рисового вина	1 ст.л.
соевого соуса	1 ст.л.
мелко порубленного имбирного корня	1 ч.л.
мелко порезанной луковицы	3 ст.л.
молотый черный перец	
тонких листа теста 45x30 см	3
несоленого масла, растопить	30 г

Сложить свинину в фарфоровую или эмалированную миску. Добавить туда шерри, соевый соус, имбирь, лук, черный перец и оставить на 20 минут.

Нагреть духовку до 200 °C. Разрезать каждый лист теста на 4 части и свернуть каждую четверть крест-накрест. Выложить тестом 12 форм, оставив края снаружи. Разложить свинину по формам. Смазать тесто растопленным маслом. Соединить 4 угла теста в форме лепестков и закрепить. Накрыть формы фольгой и поставить в духовку на 30 минут. За 10 минут до готовности снять фольгу, чтобы тесто подрумянилось. Подавать горячими.

ПРИМЕЧАНИЕ: *это блюдо можно подавать и слегка остывшим.*

Таитянские конверты

ИНГРЕДИЕНТЫ ДЛЯ ЭТОГО БЛЮДА ПОДАЮТСЯ ОТДЕЛЬНО. КАЖДЫЙ ГОСТЬ САМ ВЫБИРАЕТ СЕБЕ УГОЩЕНИЕ.

48 порций
Подготовка: 1 час
Приготовление: 4 часа

На 1 порцию:
Калории **30**
Протеин **3 мг**
Холестерол **10 мг**
Жиры **2 г**
Содиум **25 мг**

Ингредиент	Количество
филе постной говядины, обрезать жир и держать в холодильнике 1 час	350 г
белого мяса цыпленка без кожи и костей	350 г
кочан китайской капусты, вымыть, обсушить и разобрать на листья	1
кочан крупнолистового салата, вымыть и обсушить	1
огурца, очистить кожуру полосками, разрезать пополам в длину и порезать тонкими ломтиками	0,6
пучок свежего кориандра, только листья	1
пучок свежей мяты, удалить стебли	1
пучок свежего базилика, только листья	1
листов рисовой бумаги (15 см в диаметре)	48
масла земляных орехов	1 ст.л.
Для острого маринада	
пасты тамаринда, растворить в 150 мл воды в течение 15 минут	30 г
соевого соуса	1 ст.л.
пюре анчоусов	2 ч.л.
зубчика чеснока, измельчить	3
имбирного корня, очистить и измельчить	4 см
Для лимонной глазури	
сока лимона	4 ст.л.
соевого соуса	2 ст.л.
патоки	1 ч.л.
Для соуса	
сока лимона	100 мл
соевого соуса	4 ст.л.
имбирного корня, очистить и измельчить	1 см
небольшой побег лимонной травы, измельчить	1

Приготовление маринада. Процедить раствор тамаринда. Добавить соевый соус, пюре анчоусов, чеснок и имбирь и тщательно перемешать. Разлить маринад в 2 мелких блюда. Тонко порезать говядину поперек волокон, затем порезать полосками шириной 1 см. Проделать то же самое с мясом цыпленка. Положить мясо в маринад и поставить на 3 часа в прохладное место.

Незадолго до подачи приготовить лимонную глазурь.

Смешать ингредиенты с 2 столовыми ложками воды в небольшом сотейнике и довести до кипения. Выпаривать, пока не останется 3 столовых ложки жидкости.

Приготовление соуса. Смешать все ингредиенты. Добавить 4 столовых ложки воды. Разложить на блюдах листья салата, китайской капусты, огурцы. Листья кориандра, мяты и базилика положить отдельно. Подать листы рисовой бумаги и пиалы с теплой водой.

Разогреть масло на сковороде и обжарить в нем кусочки говядины в течение 20 секунд, постоянно встряхивая. Обжарить мясо цыпленка таким же способом в течение 45 секунд.

Подать говядину и мясо цыпленка на разных блюдах и полить глазурью. Подавать немедленно. Поставить на стол также соль и перец.

ПРИМЕЧАНИЕ: *менее известные ингредиенты для этого блюда можно купить в Восточной бакалее.*

Конверты из рисовой бумаги

Окунуть бумагу в пиалу с теплой водой, развернуть и положить на ладонь или на небольшую тарелку. Положить небольшое количество предлагаемых ингредиентов в центр, завернуть и окунуть в соус (см. рис.).

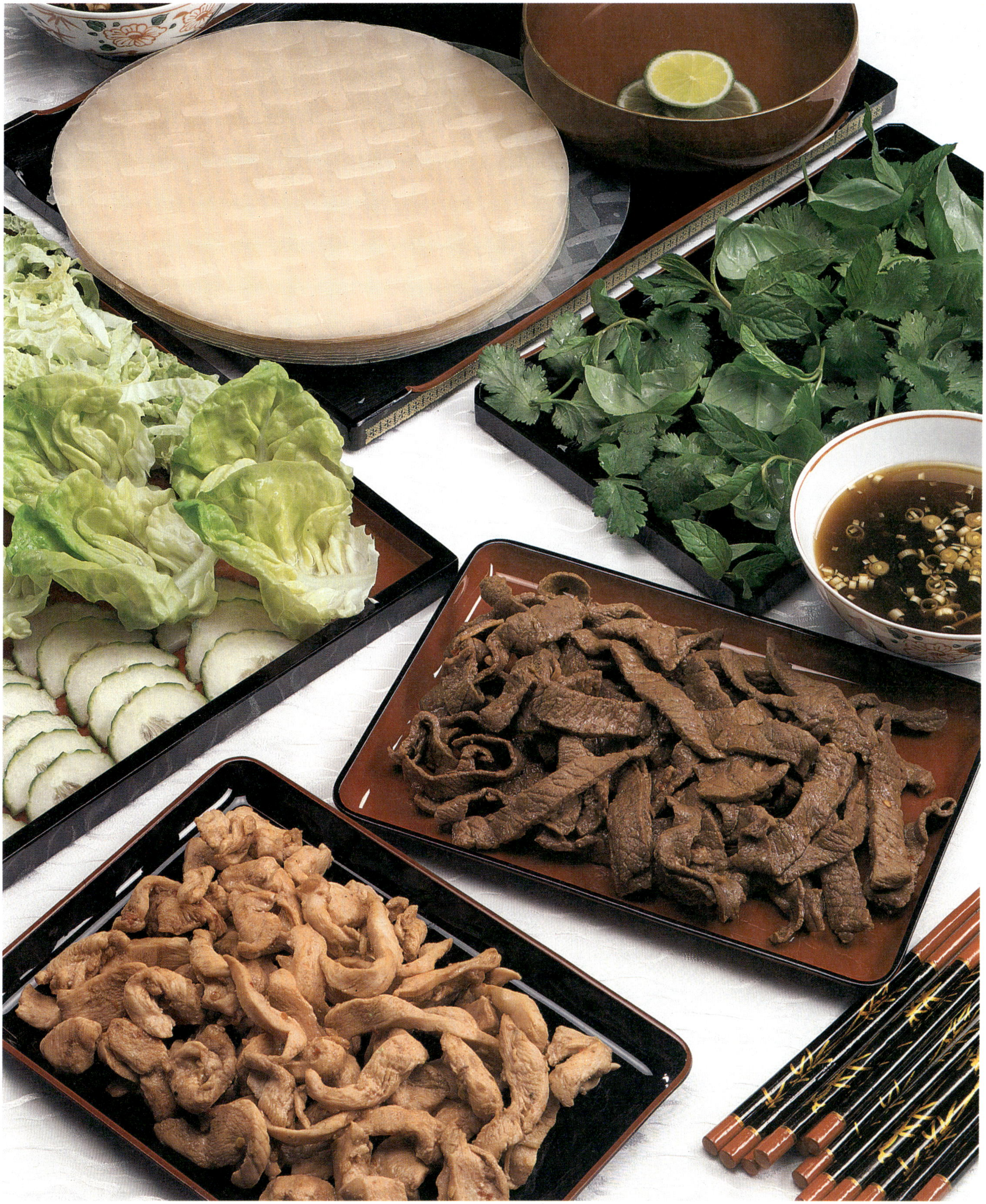

Таитянские шампуры

18 порций
Подготовка: 18 минут
Приготовление: 2 часа 40 минут

На 1 порцию:
Калории **55**
Протеин **6 г**
Холестерол **40 мг**
Жиры **2 г**
Содиум **90 мг**

свиного филе, обрезать жир	250 г
свежих креветок, вынуть из раковин и очистить	350 г
белого крабового мяса, измельчить	100 г
зубчика чеснока, измельчить	3
свежего имбирного корня, очистить	2,5 см
сока лимона	0,5 ч.л.
тертой кожуры лимона	0,25 ч.л.
молотого галангала	1 ч.л.
рубленого кориандра	3 ст.л.
рубленого базилика	1 ст.л.
соли	0,5 ч.л.
молотый черный перец	
соли	0,5 ч.л.
аррорута	1 ч.л.
взбитого яичного белка	0,5
папайя, очистить и порезать кубиками по 1 см	1
растительного масла	1 ст.л.
Для ароматного соуса	
соевого соуса	2 ст.л.
сока лимона	1 ст.л.
патоки	1 ст.л.
1 зубчик чеснока	
1 см имбирного корня, очистить	
тонкие полоски острого перца (см. Предосторожности на стр.18)	

Измельчить миксером свинину, креветки и крабовое мясо и тщательно перемешать между собой. Выдавить сок из чеснока и имбиря и полить им мясо.

Добавить сок лимона и кожуру лимона, галангал, кориандр, базилик, соль и молотый черный перец. Все перемешать. Растереть аррорут с яичным белком и добавить в мясо. Поставить массу на холод на 2 часа.

Приготовление соуса. Смешать соевый соус, сок лимона и 2 столовых ложки воды. Добавить патоку и сок из чеснока и имбирного корня. Все перемешать. Добавить острый перец по вкусу.

Разогреть гриль. Вымочить 18 деревянных шампуров в воде в течение 10 минут, чтобы они не обуглились в гриле.

Скатать из фарша 54 небольших шарика по 2 см в диаметре. Насадить по 3 шарика на каждый шампур, перемежая их кусочками папайи.

Смазать маслом решетку в гриле и расположить на ней шампуры. Слегка смазать маслом и мясные шарики. Поставить шампуры в гриль на 10 минут. Подавать горячими с соусом.

Кольца с начинкой

24 порции
Подготовка: 20 минут
Приготовление: 30 минут

На 1 порцию:
Калории **40**
Протеин **2 г**
Холестерол **0 г**
Жиры **1 г**
Содиум **70 мг**

тонких ломтика ржаного хлеба, срезать корки	4
трубки из теста (каннелони)	3
сыра Моццарелла, тертого	90 г
овсяных хлопьев	3 ст.л.
тонко порезанной проскуитто (итальянской соленой ветчины)	30 г
листья петрушки для украшения	
Для начинки	
луковицы, мелко порубить	4
небольшой зубчик чеснока, раздавить	1
томатов, без кожуры и зерен, порезать	300 г
томатной пасты	2 ст.л.
мелко порезанного базилика	1 ст.л.
меда	0,5 ч.л.
молотый черный перец	

Приготовление начинки. Сложить в сотейник лук, чеснок, томаты и томатную пасту. Поставить на небольшой огонь и помешивать, пока масса не загустеет. Добавить базилик, мед, немного черного перца и снять с огня.

Вырезать из хлеба 24 кружка по 2,5 см в диаметре и подсушить их в духовке.

Выложить на противень на некотором расстоянии друг от друга.

Отварить каннелони в слегка подсоленной воде, пока они не станут мягкими (8—10 минут). Слить жидкость и остудить трубки под струей холодной воды. Чтобы трубки не слиплись, надеть каждую на черенок деревянной ложки.

Смешать тертый сыр и овсяные хлопья. Вырезать из проскуитто 24 кружка для украшения.

Разрезать каждую трубку на 8 частей и поставить колечки на хлеб. Распределить между колечками половину смеси сыра и хлопьев, затем положить в каждое колечко томатную пасту и снова присыпать сыром. Поставить противень в горячий гриль и выпекать 3—4 минуты. Украсить каждое канапе ломтиком ветчины и листом петрушки. Подавать теплыми.

ПРИМЕЧАНИЕ: *эти канапе можно подавать и слегка остывшими.*

Телятина с орехами и абрикосами

32 порции
Подготовка: 15 минут
Приготовление: 1 час 25 минут

На порцию:
Калории **45**
Протеин **5 г**
Холестерол **15 мг**
Жиры **2 г**
Содиум **40 мг**

телячьих эскалопа, отбить	4
растительного масла	1 ч.л.
веточки кориандра для украшения	
Для начинки	
сушеных абрикосов, вымочить в кипятке 1 час, порезать	125 г
мелко порезанного лука	1 ст.л.
несоленых орехов кешью, мелко порубить	60 г
мелко порубленного кориандра	2 ч.л.
стручков кардамона, только зерна	6
апельсинового сока	4 ст.л.
соли	0,25 ч.л.
молотый черный перец	

Разогреть духовку до 200 °C. Покрыть противень пергаментной бумагой.

Приготовление начинки. Сложить в сотейник абрикосы, лук, орехи, кориандр, кардамон, вылить апельсиновый сок, посолить и поперчить. Поставить на небольшой огонь на 2 минуты, постоянно помешивать.

Порезать эскалопы пополам в ширину. Покрыть начинкой каждый кусок мяса, свернуть в рулет и скрепить двумя деревянными палочками. Сложить рулеты на противень и слегка смазать их маслом.

Выпекать в духовке 5—8 минут, пока мясо не станет аппетитного коричневого цвета. Остудить мясо и вынуть деревянные палочки. Порезать каждый рулет на 4 части. Украсить веточками кориандра и тут же подавать.

ПРИМЕЧАНИЕ: вместо абрикосов можно использовать персики, яблоки или чернослив. Это блюдо можно подавать и слегка остывшим.

Лодочки с острой мясной начинкой

30 порций
Приготовление: 50 минут

На 1 порцию:
Калории **40**
Протеин **3 г**
Холестерол **10 мг**
Жиры **2 г**
Содиум **10 мг**

тонких листов теста 45х30 см	6
оливкового масла	1,5 ст.л.
небольшая луковица, мелко порубить	1
орехов	30 г
зубчика чеснока, раздавить	2
молотого тмина	1 ч.л.
молотого кардамона	1 ч.л.
кайенского перца	0,25 ч.л.
молотой корицы	0,25 ч.л.
грибов, мелко порезать	125 г
изюма, мелко порезать	45 г
говядины без костей, обрезать жир, мелко порубить	250 г
соли	0,25 ч.л.
молотый черный перец	
мелко порезанного зеленого лука	1 ст.л.

Разогреть духовку до 220 °C.

Положить на стол 3 листа теста один на другой и нарезать овалы 11х5 см. Выложить их в формы-лодочки 9х4 см, обрезать излишки теста ножницами. Всего должно получиться 30 лодочек. Поставить формы на противни и выпекать в духовке, пока тесто не станет золотисто-коричневым — 6—8 минут. Осторожно вынуть лодочки из форм и остудить.

Приготовление начинки. Разогреть на сковороде половину масла, положить туда лук и жарить его 5—6 минут, пока он не станет мягким. Добавить орехи, чеснок, тмин, кардамон, кайенский перец и корицу и обжаривать 2—3 минуты. Затем положить грибы, а через 6—8 минут, когда выпарится большая часть жидкости, и изюм. Выложить массу на блюдо и остудить.

Разогреть на сковороде оставшееся масло и слегка обжарить в нем говядину, пока мясо не начнет менять цвет. Выложить на сковороду и грибную смесь и тщательно перемешать на небольшом огне. Приправить солью и перцем.

Разложить начинку по лодочкам и посыпать зеленым луком. Подавать теплыми.

ПРИМЕЧАНИЕ: лодочки можно приготовить заранее и хранить герметично упакованными.

Приготовление сосисок

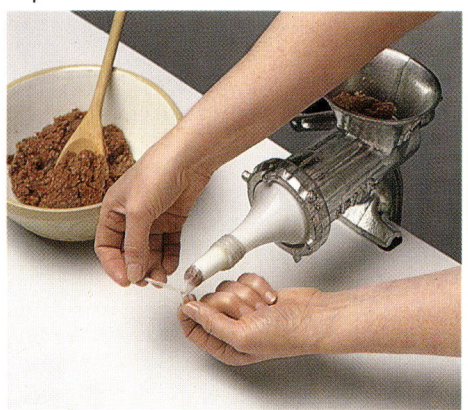

1. Подготовить оболочку. Надеть вымытую и высушенную оболочку на трубку с небольшим диаметром, соединенную с мясорубкой. Оставить свободно свисать 5 см оболочки. Наполнить мясорубку фаршем и вращать ручку. Как только фарш покажется из трубки, завязать оболочку узлом.

2. Продолжать вращать ручку мясорубки и наполнять оболочку. Равномерно распределять фарш, следить, чтобы не образовывались воздушные пузырьки.

3. Когда останется примерно 5 см оболочки, завязать ее концы узлом. Взять получившуюся колбасу и сделать перетяжки, формуя сосиски по 2,5 см в длину.

Маленькие говяжьи сосиски

60 сосисок
Подготовка: 35 минут
Приготовление: 1 час 45 минут

На 1 сосиску:
Калории **25**
Протеин **3 г**
Холестерол **5 мг**
Жиры **1 г**
Содиум **35 мг**

свежих ржаных хлебных крошек	90 г
луковицы, мелко порезать	2
зубчик чеснока, раздавить	1
измельченной петрушки	1 ст.л.
измельченного тимьяна	2 ч.л.
измельченного шалфея	1 ч.л.
постной говядины, пропустить через мясорубку	500 г
овсяных хлопьев	30 г
дижонской горчицы	2 ч.л.
соли	0,5 ч.л.
молотый черный перец	
яичных белка	2
натуральной оболочки для сосисок, вымочить 1 час в подкисленной воде	2 м
растительного масла	1 ч.л.
Для соуса:	
красного винного уксуса	1 ст.л.
дижонской горчицы	1 ч.л.
свежего сока лимона	1 ч.л.
соли	0,25 ч.л.
йогурта	150 мл
измельченного редиса	

Разогреть духовку до 200 °C. Слегка смазать противень маслом.

Смешать хлебные крошки, лук, чеснок, петрушку, тимьян и шалфей. Добавить говядину и перемешать. Положить овсяные хлопья, горчицу, соль, немного перца и яичные белки и тщательно снова все перемешать.

Промыть подготовленные оболочки для сосисок изнутри и снаружи и обсушить. Сделать 60 сосисок по 2,5 см в длину, как показано на рисунке.

Положить связку сосисок на противень и смазать маслом. Поставить на 10—15 минут в духовку, пока сосиски не приобретут золотисто-коричневый оттенок.

Приготовить соус, смешав все приведенные выше ингредиенты.

Отделить сосиски друг от друга и немедленно подавать с соусом.

ПРИМЕЧАНИЕ: *натуральные оболочки для сосисок — кишки ягненка, поросенка или быка — можно заказать у мясника. Оболочки из кишок ягненка предпочтительнее использовать для приготовления небольших сосисок. Говядину можно заменить любым другим мясом по вкусу.*

Рулеты с сосисками

40 рулетов
Подготовка: 1 час
Приготовление: 1час 25 минут

На 1 порцию:
Калории **50**
Протеин **2 г**
Холестерол **5 мг**
Жиры **3 г**
Содиум **80 мг**

тонких ломтей темного хлеба	20
английской или дижонской горчицы	2 ст.л.
маргарина	60 г
томатной пасты	1 ч.л.
зубчик чеснока, раздавить	2
Для сосисок	
свинины, обрезать жир	400 г
луковица, порубить	1
крошек ржаного хлеба	60 г
маргарина	30 г
соли	0,25 ч.л.
молотый черный перец	
сухих специй	2 ч.л.

Приготовление сосисок. Нарезать свинину тонкими ломтиками и пропустить вместе с луком через мясорубку. Добавить хлебные крошки, маргарин, соль, немного перца и приправ и снова пропустить все через мясорубку.

Разогреть духовку до 220 °C. Смазать противни маслом.

Срезать с хлеба корки и раскатать каждый ломтик скалкой.

Разделить фарш на 5 равных порций, сформовать из каждой части колбаску длиной 40 см и разрезать ее на 4 части.

Намазать хлеб горчицей, положить сверху фарш и свернуть рулет.

Перемешать маргарин, томатную пасту и чеснок и смазать рулеты этой смесью.

Разрезать рулеты пополам и положить на противень. Поставить в духовку на 25 минут. Подавать теплыми.

Колечки с беконом и финиками

40 порций
Подготовка: 15 минут
Приготовление: 20 минут

На 1 порцию:
Калории **40**
Протеин **2** г
Холестерол **5** мг
Жиры **1** г
Содиум **125** мг

больших тонких ломтей хлеба	10
свежих фиников, разрезать пополам и вынуть косточки	10
тонких ломтей постного бекона	10
меда	1 ч.л.
веточки петрушки для украшения	
Для начинки	
томатов, без кожуры и косточек, порезать	300 г
томатной пасты	1 ч.л.
луковица, мелко порубить	1
лавровый лист	1
молотый черный перец	

Приготовление начинки. Сложить в сотейник томаты, томатную пасту, лук, лавровый лист и немного перца. Поставить на небольшой огонь и помешивать, пока масса не загустеет.

Разогреть духовку до 200 °C. Раскатать каждый ломтик хлеба скалкой и обрезать в форме прямоугольника.

Намазать начинку на хлеб. Положить 2 половинки фиников на короткую сторону прямоугольника и свернуть из хлеба рулет. Разрезать рулет пополам между финиками, завернуть каждый кусок в бекон и скрепить деревянными палочками. Снова разрезать каждый рулет пополам. Должно получиться 40 маленьких рулетов-колечек. Сложить рулеты на противень, покрытый пергаментной бумагой. Разогреть в сотейнике мед и слегка смазать им каждую порцию.

Выпекать колечки в духовке 5—8 минут. Украсить веточками петрушки и подавать.

ПРИМЕЧАНИЕ: вместо фиников можно использовать абрикосы или чернослив.

Бычье сердце на шампурах

16 порций
Подготовка: 15 минут
Приготовление: 1 день

На 1 порцию:
Калории **50**
Протеин **8 г**
Холестерол **35 мг**
Жиры **2 г**
Содиум **95 мг**

бычьего сердца, обрезать жир	500 г
зубчиков чеснока, раздавить	5
свежих красных или зеленых острых перца, очистить от семян и мелко порубить (см. стр. 18)	3
растительного масла	2 ч.л.
красного винного уксуса	3 ст.л.
соли	0,5 ч.л.
молотый черный перец	

Порезать сердце кубиками по 2,5 см. Должно получиться 48 кубиков. Смешать чеснок, перец, масло, уксус, соль и немного перца на блюде. Положить туда кубики и встряхнуть, чтобы равномерно покрыть мясо специями. Накрыть блюдо и поставить в холодильник на 24 часа.

Вымочить в холодной воде деревянные шампуры длиной 20 см. Разогреть гриль. Насадить мясо на деревянные шампуры и поместить их в гриль на 2—3 минуты. Затем полить оставшимся маринадом и печь еще 2—3 минуты. Мясо должно стать коричневым со всех сторон.

ПРИМЕЧАНИЕ: *вместо сердца можно использовать стейк.*

3 Томаты, ветчина и сыр — аппетитная начинка итальянских кальцоне.

Сэндвичи и острые закуски

Согласно легенде, в 1792 году граф Сэндвич так увлекся игрой в карты, что отказался прервать игру ради обеда и велел подать ему кусок мяса между двумя ломтями хлеба. Таким образом, он дал свое имя новому кулинарному направлению. В приведенных в этой главе рецептах мы сохранили основную концепцию графа, но и позволили себе изобрести множество вариаций на давно известную тему. Классические примеры, такие как колечки с грибами и листьями кресса *(стр. 106)*, или тонкие сэндвичи с огурцом *(стр. 104)*, или французский хлеб с креветками и чесноком *(стр. 114)*, соседствуют с нетрадиционными решениями, например, сэндвичами без верхнего куска хлеба.

Мы предлагаем вам оценить тосты с острой грибной подливой *(стр. 118)*, или тосты по-каталански, с томатами и ветчиной *(стр. 118)*. Для ланча или обеда подойдут датские открытые сэндвичи *(стр. 110—111)*.

Самое важное для приготовления вкусного сэндвича — это качественный хлеб Дома не всегда удается испечь его удачно, так что мы советуем купить готовую буханку или батон. Тем более что существует множество сортов готового хлеба: пшеничный, ржаной, рисовый с тмином, французские батоны с хрустящей корочкой, мексиканские тортиллы и восточные питы и так далее.

Мы постарались представить по возможности низкокалорийные рецепты, но советуем вам помнить, что масло является важной составляющей любого сэндвича (за редким исключением, *см.стр. 113)*.

Большинство сэндвичей можно приготовить заранее и хранить некоторое время, завернув в пластиковую пленку. Открытые сэндвичи, однако, необходимо готовить непосредственно перед подачей на стол, чтобы они сохранили свой аппетитно-привлекательный вид. Хотя тесто для пиццы можно хранить в холодильнике до 24 часов, саму пиццу лучше всего есть горячей. В дополнение к рецептам приготовления сэндвичей, в этой главе вы познакомитесь с такими экзотическими блюдами, как запеченные устрицы *(стр. 120)*.

Сэндвичи с огурцами

48 сэндвичей
Подготовка: 30 минут
Приготовление: 50 минут

На 1 сэндвич:
Калории **25**
Протеин **0 г**
Холестерол **5 мг**
Жиры **1 г**
Содиум **35 мг**

огурец	1
соли	0,25 ч.л.
несоленого масла	60 г
мелко порезанного укропа или 1,5 ч.л. сухого укропа	2 ст.л.
молотый черный перец	
тонких ломтей пшеничного хлеба	12

Ножом для чистки картофеля удалить кожицу с огурца и порезать его тонкими ломтиками. Сложить в большую тарелку и посолить. Накрыть крышкой и поставить на 30 минут в холодильник. Соль удалит из огурца избыток влаги и сделает его хрустящим.

Взбить масло с укропом и черным перцем. Приготовить ломти хлеба и смазать каждый маслом с укропом.

Откинуть ломтики огурца на дуршлаг и затем обсушить бумажными салфетками. Положить огурцы на 6 ломтей хлеба и накрыть остальными. Осторожно удалить корки и разрезать сэндвичи на 4 квадрата, а каждый квадрат на 2 треугольника. Красиво уложить сэндвичи на блюдо и подавать.

Рулеты с лососем и водным крессом

35 рулетов
Подготовка: 40 минут
Приготовление: 2 часа 50 минут

На 1 порцию:
Калории **50**
Протеин **5 г**
Холестерол **15 мг**
Жиры **3 г**
Содиум **60 мг**

палочек лосося	350 г
лавровый лист	1
побег тимьяна	1
побег петрушки	1
ломтик лимона	1
черного перца	8 горошин
соли	1/4 ч.л.
сметаны	2 ст.л.
дижонской горчицы	1 ч.л.
молотый черный перец	
тонких ломтей белого хлеба	12
листьев водного кресса, удалить ножки, промыть и обсушить	125 г
несоленого масла, размягчить	60 г

Промыть рыбные палочки под струей холодной воды, затем положить их в небольшой сотейник. Добавить туда лавровый лист, тимьян, петрушку, лимон, черный перец, половину соли и 2 столовых ложки воды. Плотно закрыть сотейник крышкой, поставить на небольшой огонь и тушить 8—10 минут. Снять с огня и оставить в прохладном месте на 1 час.

Когда рыба достаточно остынет, удалить кожу и кости. Вернуть мякоть обратно в сотейник. Добавить сметану, горчицу, соль, перец и осторожно перемешать.

Срезать с хлеба корки и раскатать ломти скалкой.

Мелко порезать листья водного кресса и тщательно перемешать с маслом. Намазать хлеб этой массой и положить сверху немного рыбы. Свернуть рулеты и завернуть каждый из них в полиэтиленовую пленку. Положить рулеты в холодильник на 1 час. Непосредственно перед подачей удалить пленку и разрезать каждый рулет на 3 части.

Разноцветные рулеты

240 рулетов
Подготовка: 1 час 40 минут
Приготовление: 4 часа

На 1 рулет с креветками:
Калории **50**
Протеин **4 г**
Холестерол **25 мг**
Жиры **1 г**
Содиум **115 мг**

На 1 рулет с водным крессом:
Калории **65**
Протеин **3 г**
Холестерол **0 г**
Жиры **4 г**
Содиум **155 мг**

На 1 рулет с грибами:
Калории **60**
Протеин **2 г**
Холестерол **0 г**
Жиры **3 г**
Содиум **75 мг**

небольшая буханка белого хлеба	1
небольшая буханка хлеба из непросеянной муки	1
небольшая буханка ржаного хлеба	1
Для начинки с креветками	
вареных очищенных креветок	350 г
измельченного редиса	1 ст.л.
белого перца	0,25 ч.л.
томатной пасты	1 ст.л.
тертой кожуры лимона	1 ч.л.
сметаны или плавленого сыра	2 ст.л.
Для начинки с водным крессом	
водного кресса, удалить стебли, промыть	250 г
творога	250 г
тертого мускатного ореха	0,25 ч.л.
соли	0,25 ч.л.
молотый зеленый перец (по вкусу)	
Для начинки с грибами	
грибов, вымыть, обсушить и порезать	350 г
мадеры или коньяка	1 ст.л.
дижонской горчицы	1 ст.л.
соли	0,25 ч.л.
нежирного творога	175 г
молотого кориандра	0,25

Приготовление начинки с креветками. Тщательно перемешать все ингредиенты миксером, чтобы получилось пюре. Поставить в холодильник, пока готовятся остальные начинки.

Приготовление начинки с водным крессом. Опустить листья водного кресса на несколько секунд в кипящую воду, пока они не станут ярко-зелеными и мягкими. Промыть их после под струей холодной воды, откинуть на дуршлаг и отжать. Миксером превратить листья водного кресса и остальные указанные для приготовления начинки ингредиенты в пюре. Поставить полученную массу в холодильник.

Приготовление начинки с грибами. Поместить в сотейник грибы, мадеру, горчицу и соль. Накрыть крышкой и поставить на небольшой огонь на 10 минут, пока грибы не станут мягкими. Снять крышку и выпарить избыток жидкости; затем остудить. Смешать с остальными ингредиентами миксером до консистенции пюре. Поставить в холодильник на 30 минут.

Нарезать 8 ломтей 1 см толщиной из каждой буханки хлеба. Срезать корки и раскатать каждый ломтик скалкой. Накрыть хлеб пленкой или влажной салфеткой.

Намазать 8 ломтей белого хлеба креветочной массой; 8 ломтей хлеба из непросеянной муки — массой с водным крессом и 8 ломтей ржаного хлеба — массой с грибами. Скатать каждый ломоть в плотный рулет, не выдавливая, однако, начинку, затем завернуть в пластиковую пленку и положить на 2 часа в холодильник.

Развернуть рулеты и острым ножом порезать каждый на 10—12 частей. Положить на блюдо и подавать.

Пирог с морскими продуктами

12 порций
Подготовка: 2 часа
Приготовление: 4 часа

Состав:
Калории **275**
Протеин **17 г**
Холестерол **50 мг**
Жиры **3 г**
Содиум **485 г**

свежего лосося	300 г
лавровый лист	1
побег петрушки	1
луковицы	0,5
горошин черного перца	8
филе камбалы, очистить	350 г
несоленого рыбного бульона (стр. 139)	300 мл
несоленого масла	150 мл
пшеничной муки	15 г
рубленой петрушки	8 ст.л.
плавленого сыра	7 ст.л.
мелко порезанного укропа	1 ст.л.
соли	0,5 ч.л.
молотый черный перец	
белого крабового мяса	175 г
большая буханка хлеба из непросяной муки	1
маргарина	90 г
листья салата, промыть, обсушить	
радиччио, промыть, обсушить	
нежирного творога	125 г
зубчик чеснока, раздавить	1

Положить лосось в сотейник, залить холодной водой и добавить лавровый лист, побег петрушки, лук и горошины перца. Довести до кипения; уменьшить огонь и тушить 5 минут. Снять с плиты и остудить.

Положить филе камбалы в небольшой сотейник и залить рыбным бульоном. Поставить на 5—6 минут на небольшой огонь. Выложить филе на блюдо и измельчить. Вскипятить бульон и выпаривать жидкость, пока не останется 150 мл; процедить остаток через сито. Размягчить масло в сотейнике и добавить муку; постепенно влить бульон. Постоянно помешивая, довести до кипения, уменьшить огонь и тушить 2—3 минуты. Снять с огня, добавить филе камбалы и 2 столовых ложки рубленой петрушки и перемешать. Перелить соус в глубокое блюдо и накрыть пластиковой пленкой, чтобы не образовалась корочка. Остудить и поставить на некоторое время в холодильник.

Удалить кости и кожуру лосося. Порезать филе на кусочки и положить в миску. Добавить 2 столовых ложки плавленого сыра, укроп, немного ▶

соли и перца. Тщательно перемешать и накрыть крышкой. В другой миске смешать крабовое мясо, 1 столовую ложку плавленого сыра, соль и перец.

Срезать с хлеба корки и нарезать по горизонтали 6 ломтей по 5 мм толщиной. Сложить ломти один на другой и сформовать буханку 20x10 см.

Намазать нижний ломоть хлеба маргарином и положить на него крабовую смесь. Следующий ломоть также намазать маргарином и положить сверху, маргарином на крабовую начинку. Уложить сверху листья салата. Следующий ломоть намазать маргарином и положить сверху, маргарином на салат. Снова намазать этот же ломоть сверху маргарином и покрыть филе лосося. Новый ломоть хлеба намазать маргарином и положить маргарином на лосось, а сверху разложить измельченный редис. Следующий ломоть положить намазанной маргарином стороной вниз, покрыть сверху маргарином и тонким слоем смеси с камбалой. Оставшийся ломоть хлеба намазать маргарином и положить сверху, маргарином вниз.

Слегка утрамбовать ломти хлеба, завернуть в пластиковую пленку и положить в холодильник на 1 час.

Смешать творог, плавленый сыр и чеснок до образования однородной массы. Вынуть готовый пирог из холодильника, удалить пленку и покрыть приготовленной творожной массой. Посыпать сверху петрушкой, слегка вминая ее в поверхность. Поставить в холодильник на 1 час и подавать.

Пирог с курятиной и аспарагусом

12 порций
Подготовка 1 час 30 минут
Приготовление 4 часа 45 минут

Состав:
Калории 180
Протеин 10 г
Холестерол 30 мг
Жиры 9 г
Содиум 250 мг

белого мяса цыпленка, без кожуры и костей	350 г
несоленого куриного бульона (стр. 139)	300 мл
несоленого масла, размягчить	60 г
пшеничной муки	15 г
побегов аспарагуса, обрезать и очистить	250 г
маргарина	30 г
рубленого свежего майорана или 2 ч.л. сухого	2 ст.л.
соли	0,25 ч.л.
молотый черный перец	
буханка белого хлеба	1
кочана кочанного салата, листья промыть и обсушить	0,5
мелко порезанных листьев базилика	1 ст.л.
паприки	1 ч.л.
творога	125 г
плавленого сыра	60 г
зубчик чеснока, раздавить	1
смеси сухих трав	1 ч.л.

Положить мясо цыпленка в сотейник, залить бульоном, накрыть крышкой и тушить на небольшом огне 10—15 минут. Снять с огня и остудить.

Вынуть мясо из бульона и мелко порубить. Довести бульон до кипения и выпаривать, пока не останется 150 мл жидкости. Растереть 15 г масла с мукой и постепенно ввести в горячий бульон. Довести до кипения и помешивать, пока не загустеет. Уменьшить огонь и тушить 2—3 минуты. Добавить мясо цыпленка и перемешать. Вылить смесь в глубокую тарелку и накрыть пластиковой пленкой. Дать остыть и поставить в холодильник на 1 час.

Опустить побеги аспарагуса в кипяток на 4—6 минут. Слить жидкость, промыть аспарагус под струей холодной воды и обсушить. В отдельном сосуде смешать масло, маргарин, майоран, соль и немного перца.

Обрезать с хлеба корки. Нарезать по горизонтали 5 толстых ломтей. Сформовать новую буханку 20x10 см.

Намазать нижний ломоть хлеба маслом с майораном и покрыть половиной куриной смеси. Намазать маслом второй ломоть и положить его промасленной стороной на курятину. Намазать этот же ломоть маслом сверху и разложить на нем веточки аспарагуса. Следующий ломоть намазать маслом и положить масляной стороной на аспарагус. Намазать его маслом и сверху покрыть листьями салата и базилика. Четвертый ломоть тоже намазать маслом и положить маслом на зелень. Помазать маслом сверху и покрыть оставшейся курятиной. Последний ломоть намазать маслом и положить маслом на куриное мясо. Слегка утрамбовать ломти хлеба, плотно завернуть в пластиковую пленку и положить в холодильник на 1 час.

Смешать творог, плавленый сыр, чеснок и сухие травы в небольшом сосуде. Тщательно перемешать и покрыть этой массой пирог.

Нарезать несколько полосок из бумаги и положить по диагонали на пирог. Посыпать паприкой, затем удалить бумагу.

Поставить пирог в холодильник на 1 час и подавать.

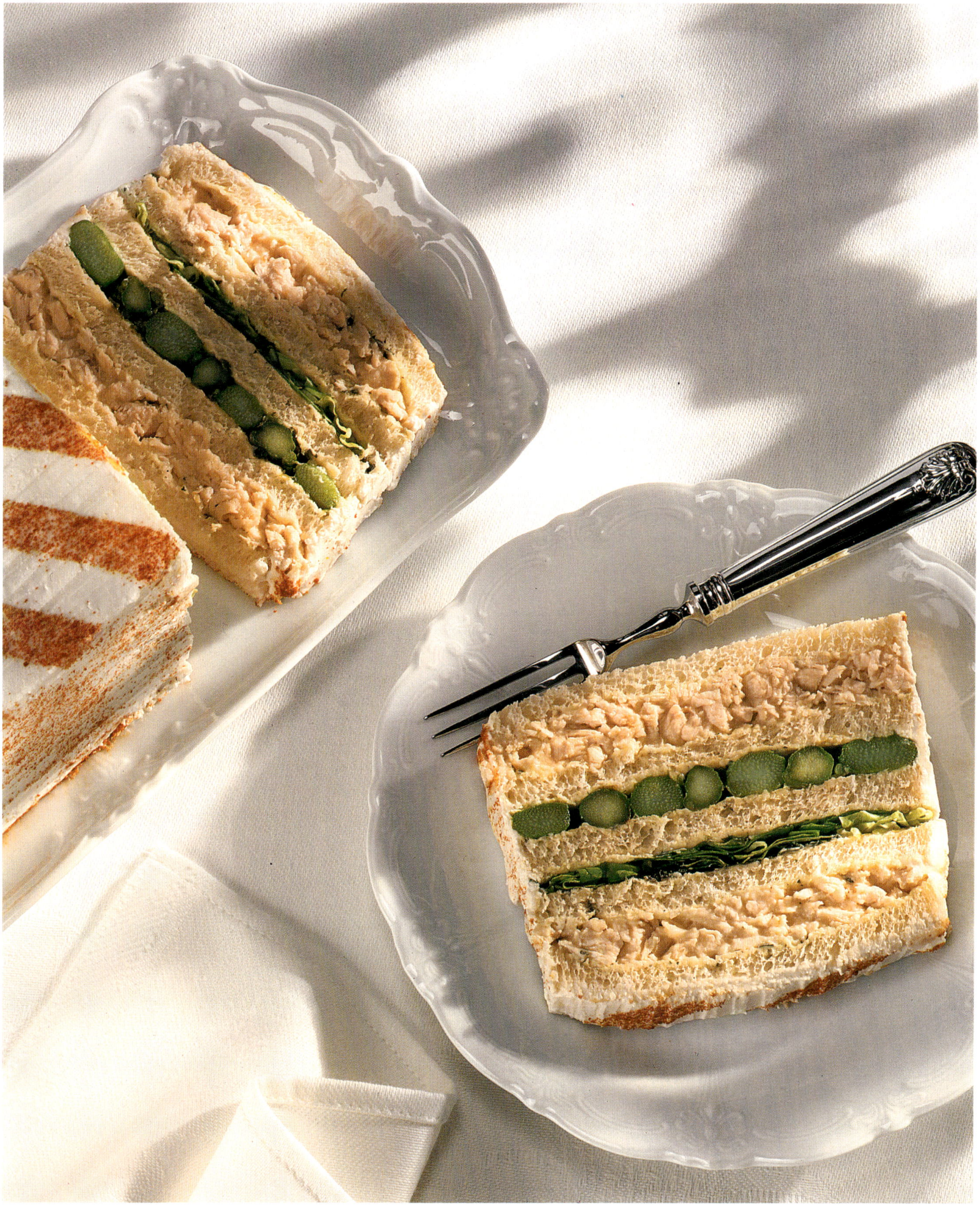

Сэндвич с креветками и крабовым мясом

Состав:
Калории **160**
Протеин **10 г**
Холестерол **50 мг**
Жиры **8 г**
Содиум **320 мг**

4 порции
Приготовление: 10 минут

несолёного масла, размягчить	15 г
ломтики хлеба из непросеянной муки	4
салата	45 г
белого крабового мяса	90 г
подготовленные креветки, очистить и порезать толстыми ломтями	4
Для соуса	
жидкого плавленого сыра	3 ст.л.
сока лимона	1 ч.л.
томатной пасты	0,25 ч.л.
молотый чёрный перец	

Приготовление соуса. В небольшом сосуде тщательно перемешать плавленый сыр, сок лимона, томатную пасту и чёрный перец.

Намазать масло на хлеб тонким слоем и положить сверху листья салата. Насыпать крабового мяса и положить креветки.

Полить открытые сэндвичи соусом и подавать.

Сэндвич с лососем и авокадо

Состав:
Калории **215**
Протеин **16 г**
Холестерол **60 мг**
Жиры **4 г**
Содиум **300 мг**

4 порции
Подготовка: 25 минут
Приготовление: 40 минут

филе лосося	250 г
сока лимона	2 ч.л.
молотый чёрный перец	
несолёного масла, размягчить	15 г
ломтя тёмного ароматного хлеба	4
порезанного редиса	1 ст.л.
листьев цикория, вымыть и обсушить	8
огурца, порезать тонкими ломтиками	5 см
небольших авокадо	2
густого йогурта	1 ст.л.

Разогреть духовку до 190 °C. Завернуть филе лосося в фольгу, предварительно полив соком лимона и посыпав чёрным перцем. Запекать в духовке 12—15 минут. Вынуть из духовки, остудить и удалить кожицу.

Намазать ломти хлеба маслом, положить на каждый кусочки редиса, листья цикория и ломтики огурца. Очистить и порезать ломтиками авокадо и уложить поверх огурцов. Разделить рыбу на небольшие кусочки, удалить кости и распределить между сэндвичами. Посыпать чёрным перцем и полить соком лимона. Или же смешать сок лимона с йогуртом и покрыть сэндвичи этой массой.

Сэндвич с мясом цыпленка и фигами

<table>
<tr><td colspan="2" align="center">4 порции
Приготовление: 10 минут</td></tr>
</table>

Состав:
Калории 130
Протеин 13 г
Холестерол 40 мг
Жиры 5 г
Содиум 120 мг

несоленого масла	15 г
ломтика хлеба из непросеянной муки	4
клюквенного соуса	2 ч.л.
листьев красного салата, промыть и обсушить	8
вареного куриного белого мяса, порезать тонкими ломтиками	175 г
свежие фиги, порезать тонкими ломтиками	2

Намазать хлеб тонким слоем масла и покрыть клюквенным соусом.

Положить сверху листья салата, ломтики куриного мяса и фиги.

Сэндвичи с ростбифом и редисом

<table>
<tr><td colspan="2" align="center">4 порции
Приготовление: 25 минут</td></tr>
</table>

Состав:
Калории 185
Протеин 13 г
Холестерол 40 мг
Жиры 10 г
Содиум 60 мг

молодого картофеля	175 г
несоленого масла	15 г
тонких ломтика ржаного хлеба	4
листьев редиса, промыть и обсушить	12
ростбифа, обрезать жир и порезать тонкими ломтиками	175 г
Для соуса	
масла грецких орехов	2 ч.л.
красного винного уксуса	1 ч.л.
сахара	1/8 ч.л.
горчицы	1 ч.л.
молотый черный перец	

Очистить картофель и отварить в кипящей воде. Слить воду и остудить.

Приготовить соус, смешав все предложенные выше ингредиенты. Намазать каждый ломтик хлеба тонким слоем масла и положить сверху листья редиса.

Нарезать картофель ломтиками и положить их на листья редиса. Сверху уложить ломти мяса и полить соусом.

Тосты с томатами и проскуитто (итальянской ветчиной)

8 порций
Приготовление: 20 минут

Состав:
Калории **270**
Протеин **11 г**
Холестерол **5 мг**
Жиры **7 г**
Содиум **200 мг**

продолговатых булочки	3
томата, без кожуры и семян (см. стр. 76), порезать	2
зубчика чеснока, раздавить	2
оливкового масла	2 ст.л.
измельченного свежего майорана	1 ч.л.
соли	0,25 ч.л.
молотый черный перец	
тонко порезанной проскуитто, обрезать жир	100 г

Разрезать булочки пополам и поджарить с каждой стороны.

Смешать порезанные томаты, чеснок, оливковое масло, майоран, соль и немного черного перца. Намазать полученную массу на булочки.

Порезать ветчину тонкими полосками и положить по нескольку полосок на каждый тост.

Подавать немедленно, пока хлеб не остыл.

Сэндвич Провансаль

4 порции
Подготовка: 10 минут
Приготовление: 30 минут

томата	4
зубчика чеснока, раздавить	2
оливкового масла	3 ст.л.
молотый черный перец	
небольшая луковица, порезать тонкими кружками	1
французский батон (60 см в длину) или 4 больших овальных булочки	1
сладкий зеленый перец, порезать колечками	1
салата	4 листа
консервированных анчоусов, вымочить в молоке 20 минут, промыть и обсушить	50 г

Состав:
Калории **305**
Протеин **10 г**
Холестерол **0 мг**
Жиры **15 г**
Содиум **595 мг**

Очистить и мелко порубить 1 томат *(см.стр. 76)*. Смешать с чесноком, оливковым маслом и перцем.

Надрезать батон с одной стороны, не прорезая насквозь. Раскрыть и намазать томатной смесью.

Порезать оставшиеся томаты и уложить их на хлеб вместе с колечками лука и перца. Положить сверху листья салата и анчоусы и закрыть. Слегка сжать, чтобы пошел сок, и порезать батон на 4 части. Подавать сразу же.

Сэндвич с креветками и чесноком

6 порций
Подготовка: 10 минут
Приготовление: 20 минут

Состав:
Калории 165
Протеин 10 г
Холестерол 40 мг
Жиры 5 г
Содиум 340 мг

нежирного творога	90 г
зубчика чеснока, раздавить	0,5
смеси рубленых свежих трав: петрушки, зеленого лука и укропа	2 ч.л.
сока лимона	1 ч.л.
молотый черный перец	
приготовленных очищенных креветок	175 г
французский батон (60 см в длину) или 6 продолговатых булочек.	1

Разогреть духовку до 220 °C. Тщательно перемешать творог, чеснок, травы, сок лимона и черный перец. Добавить креветки.

Сделать глубокие надрезы на батоне через каждые 4 см. Стараться не прорезать хлеб насквозь. Наполнить разрезы приготовленной смесью.

Завернуть французский батон в фольгу и положить в духовку на 10 минут. Подавать горячим.

Булочка с начинкой

6 порций
Подготовка: 25 минут
Приготовление: 1 час

Состав:
Калории **80**
Протеин **4г**
Холестерол **5 мг**
Жиры **3 г**
Содиум **350 мг**

грибов, вымыть, обсушить и порезать пополам или на 4 части	175 г
растительного масла	1 ст.л.
сока лимона	1,5 ст.л.
свежего тимьяна или 0,5 ч.л. сухого	2 ч.л.
соли	0,5 ч.л.
молотый черный перец	
небольшая круглая булочка 15 см в диаметре	1
тонко порезанной проскуитто (итальянской ветчины)	60 г
томаты, очистить от кожуры и зерен, порезать тонкими ломтиками	3

На небольшой сковороде тушить грибы с оливковым маслом и соком лимона. Добавить тимьян, соль и немного перца. Тщательно перемешать и снять с огня. Разогреть духовку до 190 °С.

Срезать верх булочки, получив крышку в 2 см толщиной. Через образовавшееся отверстие вынуть хлебный мякиш, оставив немного внизу и по краям. Положить в булочку грибы, затем ветчину и томатную массу. Добавить немного перца и накрыть ветчиной. Затем закрыть крышкой, завернуть в фольгу и выпекать 30 минут.

Порезать ломтями и подавать.

Тортиллы с мясом и зеленью

8 порций
Подготовка: 45 минут
Приготовление: 1 час 10 минут

На 1 порцию:
Калории **280**
Протеин **9 г**
Холестерол **15 мг**
Жиры **16 г**
Содиум **195 мг**

пшеничной муки	200 г
соли	0,5 ч.л.
белого овощного жира	45 г
постного филе говядины, порезать полосками 2,5х1 см	175 г
оливкового масла	0,5 ст.л.
кочан листьев салата, промыть, обсушить	0,5
сладкого зеленого перца, очистить и порубить	0,25
сладкого красного перца, очистить и порубить	0,25
сладкого желтого перца, очистить и порубить	0,25
огурца, разрезать пополам в длину и порезать ломтиками	0,25
луковицы, тонко порезать	2
черных оливок, вынуть косточки и разрезать пополам	5
томата, порезать тонкими полосками	3
Для маринада	
острый зеленый перец, мелко порубить (см. стр. 18)	1
лимон, выдавить сок и натереть кожуру	1
зубчик чеснока, мелко порубить	1
оливкового масла	0,5 ст.л.
молотый черный перец	
Для уксусной подливы	
острый зеленый перец, мелко порезать	1
сока лимона	1,5 ст.л.
томатной пасты	0,5 ч.л.
красного винного уксуса	0,5 ст.л.
оливкового масла	3 ст.л.
мелко порезанного орегано	1 ч.л.
соли	0,25 ч.л.
молотый черный перец	

Приготовление тортилл. Смешать муку и соль с овощным жиром. Постепенно добавить 80 мл теплой воды и замесить тесто. Добавить немного воды, если тесто получилось слишком сухим. Оставить тесто в теплом месте на 10—20 минут, затем разделить на 4 части и раскатать скалкой, чтобы получился круг 25 см в диаметре и толщиной 3 мм. Разогреть немного масла на сковороде и положить туда тортиллу. Когда на поверхности образуются пузырьки, проткнуть их вилкой и обжарить тортиллу с другой стороны.

Разогреть духовку до 180 °C.

Смешать ингредиенты для маринада. Положить в полученную смесь мясо и оставить мариноваться на 15—20 минут.

Приготовить уксусную подливу, смешав все указанные выше ингредиенты.

Разогреть на сковороде масло и выложить на нее мясо, вынутое из маринада. Тушить на небольшом огне 2—3 минуты. Положить тортиллы на 2—3 минуты в духовку.

Снять мясо со сковороды и добавить салат, сладкий перец, огурцы, лук, оливки и томаты. Полить уксусной подливой и встряхнуть. Разрезать тортиллы пополам, свернуть в конусы и наполнить подготовленной смесью. Подавать теплыми.

Питы с курятиной и апельсином

6 порций
Приготовление: 15 минут

Состав:
Калории **180**
Протеин **18 г**
Холестерол **5 мг**
Жиры **7 г**
Содиум **230 мг**

апельсина	2
вареного куриного белого мяса, порезать ломтиками	350 г
несколько небольших листьев салата, промыть и обсушить	
питы	3
Для соуса	
листьев водного кресса, промыть и обсушить	90 г
майонеза	2 ст.л.
йогурта	2 ст.л.
соли	0,25 ч.л.
молотый черный перец	

Разогреть духовку до 200 °C. Тщательно перемешать все ингредиенты для приготовления соуса миксером.

Очистить апельсины, удалив также и белую кожуру с долек. Разрезать каждую дольку пополам. Сложить мясо цыпленка, салат и дольки апельсина в сосуд и перемешать.

Разогреть питы в духовке, пока они не поднимутся. Разрезать их пополам, раскрыть и начинить приготовленной смесью. Полить соусом и тут же подавать.

Тост с грибами и подливой

2 порции
Приготовление: 15 минут

Состав:
Калории **150**
Протеин **5 г**
Холестерол **10 мг**
Жиры **5 г**
Содиум **400 мг**

ломтика ржаного хлеба	2
несоленого куриного или овощного бульона (стр.139)	150 мл
мадеры	1 ст.л.
сока лимона	1 ч.л.
грибов, вымыть, обсушить	175 г
жидкого плавленого сыра	2 ст.л.
соли	0,25 ч.л.
молотый черный перец	
дижонской горчицы	0,5 ч.л.
горчичных зерен	0,5 ч.л.

Поджарить ломти хлеба только с одной стороны.

Налить в сотейник бульон, мадеру, сок лимона и довести до кипения. Уменьшить огонь, добавить грибы и тушить 4 минуты. Шумовкой переложить грибы из сотейника в тарелку.

Снова довести жидкость в сотейнике до кипения и выпаривать, пока не останется 2 столовых ложки бульона. Добавить плавленый сыр и грибы, приправить солью, перцем и горчицей.

Выложить смесь на неподжаренную сторону тоста, посыпать зернами горчицы. Поставить тосты на 20 секунд в горячий гриль и подавать.

Запеченные устрицы

12 устриц
Подготовка: 30 минут
Приготовление: 40 минут

На 1 порцию:
Калории **45**
Протеин **5 г**
Холестерол **20 мг**
Жиры **2 г**
Содиум **190 мг**

шпинат, промыть и удалить стебли	350 г
несоленого масла	15 г
маленьких луковиц, очистить и порезать	6
молотый черный перец	
тертого сыра Пармезан	30 г
свежих белых хлебных крошек	15 г
мелко порезанной петрушки	1 ст.л.

Разогреть духовку до 220 °C.

Опустить шпинат в сотейник с кипящей водой. Через 30 секунд — вынуть, промыть под струёй холодной воды, обсушить и мелко порезать.

Разогреть на сковороде масло, добавить туда лук и обжаривать 2—3 минуты. Смешать со шпинатом и тушить ещё 3—4 минуты, помешивая. Приправить черным перцем. Тщательно перемешать сыр, хлебные крошки и петрушку.

Открыть устрицы и удалить верхнюю половинку ракушки. Покрыть каждую устрицу смесью шпината и лука, посыпать сыром.

Насыпать крупную соль в огнеупорное блюдо слоем 3—5 см. Положить в соль устрицы и поставить блюдо в духовку на 10—15 минут.

Подавать теплыми.

Подготовка устрицы

1 Открыть раковину. Тщательно очистить устрицу. Обхватить устрицу салфеткой, оставив закруглённый конец снаружи. Ввести тонкое лезвие ножа между створками раковины и повернуть.

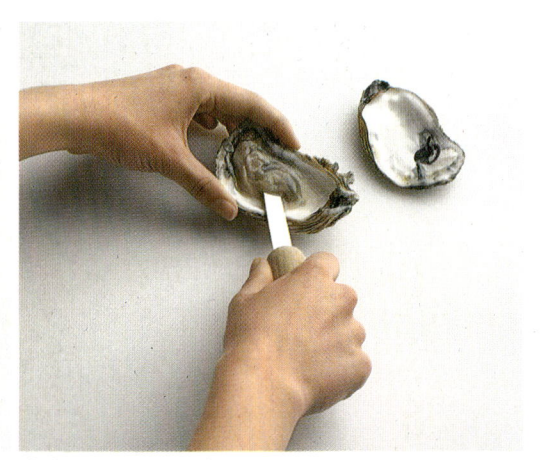

2 Вынуть устрицу. Снять верхнюю крышку. Подцепить устрицу ножом и отделить от раковины.

Маффины с мидиями и аспарагусом

Состав:
Калории **180**
Протеин **15 г**
Холестерол **50 мг**
Жиры **8 г**
Содиум **365 мг**

4 порции
Приготовление: 30 минут

побеги аспарагуса, обрезать и очистить	4
свежих мидий	16
несоленого масла	30 г
томатной пасты	2 ч.л.
маффин из непросеянной муки или булочки	2
очищенных вареных креветок	125 г

Опустить побеги аспарагуса в кипящую воду на 5—6 минут, слить, промыть под струей холодной воды и обсушить. Порезать ломтиками.

Налить в сотейник 4 ст.л. воды. Положить туда мидии, накрыть крышкой и довести воду до кипения. Тушить мидии, пока не откроются все раковины: 4—5 минут. Снять с огня и остудить. Вынуть мидии из раковин.

Тщательно перемешать масло, томатную пасту и укроп. Разрезать маффины пополам и поджарить в гриле с обеих сторон.

Намазать половинки маффинов томатной массой и уложить сверху мидии, креветки и аспарагус. Размягчить оставшееся масло и полить им сэндвичи сверху.

Положить маффины в горячий гриль на 2—3 минуты и тут же подавать.

Пицца с тунцом

6 порций
Подготовка: 40 минут
Приготовление: 2 часа

Состав:
Калории **340**
Протеин **14 г**
Холестерол **25 мг**
Жиры **15 г**
Содиум **305 мг**

свежих дрожжей или 7 г сухих	15 г
пшеничной муки	300 г
соли	1 ч.л.
оливкового масла	1 ст.л.
мелких томатов, порезать колечками для украшения	6
петрушка, мелко порубить для украшения (по вкусу)	
Для начинки	
филе анчоусов, промыть, обсушить и мелко порубить	3
зубчик чеснока, мелко порубить	1
каперсов, мелко порубить	1,5 ст.л.
черные оливки, вынуть косточки, мелко порубить	12
тунца, консервированного в собственном соку	200 г
оливкового масла	1 ст.л.
молотый черный перец	

Растворить свежие дрожжи в 150 мл теплой воды и оставить в теплом месте на 10—15 минут. Сухие дрожжи следует разводить, руководствуясь инструкциями изготовителя на упаковке. Насыпать муку горкой, добавить соль, сделать в центре углубление. Вылить дрожжи и размягченное масло в муку и замесить тесто. Месить руками примерно 10 минут, затем сформовать из теста шар, положить его в чистый сосуд и поставить в теплое место на 1 час. Разогреть духовку до 220 °C и смазать противень маслом. Слегка помесить тесто и разделить его на 6 равных частей. Раскатать каждую скалкой в круг 12 см в диаметре. Загнуть края немного внутрь и положить лепешки на противень на 10 минут.

Приготовление начинки. Растолочь анчоусы и чеснок в ступке. Добавить каперсы, оливки, тунца, масло и немного перца. Тщательно перемешать до консистенции пасты. Распределить полученную массу между лепешками на противне. Выпекать пиццу 15 минут, затем украсить колечками томатов и вернуть в духовку ещё на 5 минут. Подавать теплыми, украсив петрушкой.

Тосты с козьим сыром

4 порции
Подготовка: 30 минут
Приготовление: 12 часов 40 минут

Состав:
Калории **180**
Протеин **8 г**
Холестерол **20 мг**
Жиры **11 г**
Содиум **370 мг**

головки козьего сыра весом 100 г	2
оливкового масла	2 ст.л.
молотого черного перца	0,5 ч.л.
лавровый лист	1
зубчик чеснока, раздавить	1
мелко порубленных трав: зеленого лука, эстрагона и розмарина	1 ст.л.
тонких ломтя французского хлеба, разрезанных по диагонали	4
свежих крошек хлеба	30 г
листьев салата	125 г

Удалить оболочку с козьего сыра и разрезать каждую головку на 4 кружка. Смешать масло, перец, лавровый лист, чеснок и травы. Положить в эту смесь сыр и оставить на 12 часов.

Разогреть духовку до 180 °C. Положить ломти хлеба в духовку на 4 минуты, затем вынуть и полить маринадом. Увеличить температуру в духовке до 240 °C.

Вынуть сыр из маринада и обвалять в хлебных крошках. Положить по 2 кружка сыра на каждый тост и поставить в духовку на 10 минут.

Украсить листьями салата и подавать.

ПРИМЕЧАНИЕ: *маринад можно сохранить и использовать как соус для салата.*

Кальцоне

ЭТО БЛЮДО ОЧЕНЬ ПОХОЖЕ НА ПИЦЦУ ПО СВОЕМУ СОСТАВУ, НО НАЧИНКА ЗДЕСЬ ПОЛНОСТЬЮ СКРЫТА ТЕСТОМ. ФОРМА КАЛЬЦОНЕ РАЗЛИЧНА В РАЗНЫХ ОБЛАСТЯХ ИТАЛИИ. ИХ ВЫПЕКАЮТ ПРЯМОУГОЛЬНЫМИ, КВАДРАТНЫМИ И ТРЕУГОЛЬНЫМИ.

10 кальцоне
Подготовка: 40 минут
Приготовление: 2 часа

На 1 кальцоне:
Калории **225**
Протеин **11 г**
Холестерол **15 мг**
Жиры **6 г**
Содиум **400 мг**

пшеничной муки, просеять	500 г
соли	1,5 ч.л.
свежих дрожжей или 7 г сухих	15 г
оливкового масла	1 ст.л.
крупных томатов, очистить и порубить	500 г
томатной пасты	1 ст.л.
сухого орегано	1 ч.л.
молотый черный перец	
сыра моццарелла, порезать ломтиками	175 г
ветчины проскуитто, порезать	60 г

Развести дрожжи в 150 мл теплой воды и поставить в теплое место на 10—15 минут. При использовании сухих дрожжей, растворять их согласно инструкции на упаковке. Насыпать горкой муку, добавить соль и сделать углубление в центре. Вылить в муку дрожжи и тщательно перемешать. Месить тесто руками 10 минут на слегка присыпанной мукой поверхности. Сформовать из теста шар и положить его на 1 час в теплое место.

Приготовление начинки. Разогреть на сковороде масло, добавить томаты и томатную пасту. Обжаривать 5 минут на небольшом огне, затем добавить орегано, соль и перец. Снять с огня и остудить. Разогреть духовку до 220 °C.

Слегка замесить тесто и разделить его на 10 частей. Раскатать каждую часть скалкой в прямоугольник 20x10 см, покрыть томатной массой, посыпать сыром и ветчиной и свернуть тесто пополам, скрыв начинку. Сложить кальцоне на слегка смазанный маслом противень и покрыть оставшимся томатным соусом. Накрыть пластиковой пленкой и оставить постоять 10 минут. Выпекать в духовке 8—10 минут. Подавать горячими.

Подавать с листьями салата.

Ароматные фокаччио

ФОКАЧЧИО — ГЕНУЭЗСКИЙ ХЛЕБ, ПРИГОТОВЛЕННЫЙ С ОЛИВКОВЫМ МАСЛОМ. ПОЛОВИНА ЛОМТЕЙ ПО ЭТОМУ РЕЦЕПТУ ПОДАЁТСЯ С ТОМАТАМИ И СЫРОМ.

12 порций
Подготовка: 45 минут
Приготовление: 2 часа 15 минут

Состав:
Калории **260**
Протеин **8 г**
Холестерол **5 мг**
Жиры **5 г**
Содиум **125 мг**

свежих дрожжей или 15 г сухих	30 г
пшеничной муки	750 г
соли	0,75 ч.л.
оливкового масла	3 ст.л.
свежего шалфея, порезать	6 листьев
мелко порезанных листьев розмарина	1 ст.л.
мелко порезанного орегано или майорана	1 ст.л.
мелко порезанных листьев базилика	2 ст.л.
зеленых оливок, вынуть косточки и порезать	30 г
смеси рубленых листьев розмарина и шалфея или базилика	2 ст.л.
крупные томаты, порезать кружочками	2
сыра Брезаола, порезать тонкими полосками	30 г

Растворить свежие дрожжи в 3 столовых ложках теплой воды. И оставить в теплом месте на 10—15 минут. При использовании сухих дрожжей — следовать инструкциям на упаковке. Насыпать муку горкой, добавить соль и сделать углубление в центре. Влить туда 2 столовых ложки оливкового масла и 350 мл теплой воды. Добавить шалфей, розмарин, орегано, базилик и оливки, затем влить растворенные дрожжи. Замесить тесто руками, пока оно не станет эластичным и однородным. Придать ему форму шара, слегка смазать оливковым маслом и положить в теплое место на 1 час.

Смазать оливковым маслом 2 противня 30x20 см. Снова замесить тесто. Растягивать и сжимать тесто, пока оно не станет 2 см толщиной. Разделить его пополам и уложить на противни.

Сделать кончиками пальцев несколько ямочек в тесте и покрыть его очень тонким слоем оливкового масла. Посыпать один противень солью, а другой — смесью трав: розмарина, базилика или шалфея и положить сверху томаты.

Разогреть духовку до 220 °C. Оставить тесто постоять 15—25 минут, пока оно не удвоит свой объем. Поставить противни в духовку и выпекать 15—20 минут, пока хлеб не станет слегка золотистым. Вынуть хлеб, покрытый слоем томатов и положить сверху полоски сыра Брезаола. Вернуть его в духовку на ещё 1 минуту. Вынуть противни из духовки и остудить. Порезать каждый хлеб на 12 частей и подавать теплым.

Пицца с курицей и грецкими орехами

6 порций
Подготовка: 45 минут
Приготовление: 2 часа

Состав:
Калории **365**
Протеин **19 г**
Холестерол **30 мг**
Жиры **15 г**
Содиум **180 мг**

Ингредиент	Количество
бедра цыпленка (350 г)	3
морковь, порубить	1
крупная луковица, порезать крупными ломтями и 1 ч.л. мелко порезанного лука	1
горошин черного перца	6
побег тимьяна	1
лавровый лист	1
грецких орехов, очистить	75 г
зубчик чеснока, мелко порубить	1
кайенского перца	0,2 ч.л.
паприки	0,2 ч.л.
соли	0,25 ч.л.
сладкого красного перца, очистить, вынуть зерна и порезать кружочками	0,5
петрушка для украшения	
Для теста	
свежих дрожжей или 7 г сухих	15 г
пшеничной муки	300 г
соли	0,25 ч.л.
оливкового масла	1 ст.л.

Приготовление теста. Растворить дрожжи в небольшом количестве теплой воды и оставить в теплом месте на 10—15 минут. При использовании сухих дрожжей — следовать инструкциям на упаковке. Насыпать муку горкой, добавить соль и сделать углубление в центре. Вылить туда дрожжи, оливковое масло и немного теплой воды и замесить тесто. Месить тесто руками на слегка присыпанной мукой поверхности 10 минут, пока оно не станет однородным и эластичным. Скатать его в шар и положить в теплое место на 1 час.

Сложить бедра цыпленка в сотейник и залить холодной водой. Добавить морковь, лук, перец, тимьян и лавровый лист. Довести до кипения, уменьшить огонь и тушить, накрыв крышкой, 15—20 минут. Снять с огня и остудить.

Разогреть духовку до 220 °C и слегка смазать маслом 2 противня. Слегка помесить тесто и разделить его на 6 частей. Раскатать каждую часть в овал 15 x 10 см. Слегка загнуть внутрь края и положить овалы на противни.

Тем временем слить куриный бульон в глубокую тарелку. Отделить мясо цыпленка от костей и порезать крупными кусками.

Мелко изрубить грецкие орехи, добавить к ним 1 ч.л. мелко порезанного лука, чеснок, кайенский перец, паприку и соль. Влить 150 мл куриного бульона и тщательно всё перемешать.

Покрыть тесто приготовленным соусом и поставить противни в духовку на 10—15 минут. Затем положить на каждый овал мясо цыпленка и кольцо красного перца и снова поставить в духовку на 5—10 минут. Украсить петрушкой и тут же подавать.

Галеты из моллюсков

8 порций
Подготовка: 45 минут
Приготовление: 1 час

Состав:
Калории **165**
Протеин **9 г**
Холестерол **50 мг**
Жиры **6 г**
Содиум **270 мг**

Ингредиент	Количество
гречневой муки	100 г
пшеничной муки	45 г
соли	0,75 ч.л.
несолёного масла	30 г
мёда	1 ч.л.
яйцо, слегка взбить	1
сухого сидра	225 мл
шпината, промыть, удалить стебли	500 г
плавленого сыра	45 г
молотый чёрный перец	
тёртый мускатный орех	
растительного масла	0,25 ч.л.
моллюски, промыть, вынуть из раковин, сохранить кораллы	8
молотые горошины зелёного перца (по вкусу)	

Приготовление теста. Насыпать муку горкой, добавить соль и сделать углубление в центре. Растопить 15 г масла и вылить его в муку. Добавить 0,5 ч.л. мёда, яйцо, 150 мл сидра и 150 мл воды. Тщательно замесить тесто, пока не останется комочков и поставить в тепло на 30 минут. Положить ещё влажные листья шпината в большой сотейник. Накрыть крышкой и тушить 2—3 минуты. Слить воду, отжать листья и мелко их порубить. Положить шпинат обратно в сотейник, добавить 1 ч.л. сидра и половину плавленого сыра. Приправить 0,25 ч.л. соли, перцем и мускатным орехом.

Разогреть небольшую сковороду на среднем огне. Смазать поверхность маслом с помощью бумажной салфетки. Налить на сковороду 2—3 столовых ложки теста и распределить тесто ровным слоем по всей поверхности. Через 30 секунд перевернуть блинчик и обжарить с другой стороны. Сложить готовые галеты на подогретую тарелку и накрыть салфеткой. Разрезать каждый моллюск по горизонтали на 2 или 3 кружка. Растопить на сковороде масло и обжарить в нём моллюсков 2—3 минуты. Добавить сидр и тонкие ломтики кораллов и тушить на небольшом огне 1 минуту. Добавить плавленый сыр, мёд и соль, приправить мускатным орехом и увеличить огонь на несколько секунд. Снять сковороду с плиты и остудить. Подогреть шпинат на небольшом огне, постоянно помешивая.

Положить 1 ложку шпината в центр каждого блинчика и накрыть 2—3 ломтиками моллюска и коралла. Завернуть края блинчика в центр, не закрывая тем не менее начинку. Посыпать молотым зелёным перцем (по вкусу) и подавать.

Испанские треугольные тортиллы

8 порций
Подготовка: 15 минут
Приготовление: 30 минут

Состав:
Калории **100**
Протеин **4 г**
Холестерол **110 мг**
Жиры **7 г**
Содиум **135 мг**

оливкового масла	2 ст.л.
побеги дикого лука (черемши), обрезать, очистить и порезать тонкими диагональными полосками	2
зубчика чеснока, мелко порубить	2
сладкий красный перец, очистить и мелко порубить	1
сладкий зеленый перец, очистить и мелко порубить	1
яйца	4
соли	0,5 ч.л.
молотый черный перец	
вареного очищенного картофеля	250 г
петрушки, порубить	2 ст.л.

Разогреть 1,5 столовой ложки масла на сковороде и положить туда дикий лук на 10 минут, пока он не станет мягким. Добавить чеснок и перец и оставить на огне ещё на 10 минут, помешивая. В отдельном сосуде смешать яйца, соль и перец. Затем смешать с готовыми овощами, картофелем и петрушкой. Разогреть гриль.

Разогреть масло на сковороде для приготовления омлетов и вылить туда взбитые яйца. Держать на небольшом огне 4 минуты, пока нижняя часть омлета не подрумянится. Поставить сковороду в горячий гриль на 3 минуты, чтобы прожарить яйца. Нарезать омлет на 8 треугольников и подавать.

Подготовка дикого лука (черемши)

1 Удалить жесткие внешние листья. Отрезать прикорневую часть и твердые верхушки. Острым ножом проколоть побег на 5 см ниже зеленой части и прорезать дикий лук насквозь до конца.

2 Окунуть зеленую часть в глубокую тарелку с водой и тщательно прополаскать. Или промыть под струёй воды.

4 Питы, начиненные грибами и овощами — блюдо, богатое витаминами и минералами.

Блюда из микроволновой печи

Микроволновая печь значительно ускоряет процесс приготовления многих блюд. Сохраняя все полезные качества, представленные в следующей главе, блюда можно приготовить в несколько раз быстрее обычного. Например, достаточно оставить тесто для пиццы подходить 20 минут вместо 1 часа, а картофель будет готов всего через 10 минут. В микроволновой печи можно также быстро разогреть заранее приготовленные блюда.

Кроме того, обработанные в микроволновой печи овощи готовятся в собственном соку практически без добавления жидкости. В результате теряется намного меньше витаминов. Приготовленные таким способом продукты не приобретают коричневатый оттенок. Это позволяет использовать низкокалорийные составляющие. Например, заворачивать начинку в листья капусты, а не в тесто. А сэндвичи также легко разогреть в печи, причем хлеб не зачерствеет, как это могло бы случиться, если бы вы разогревали их в обычной духовке.

Небольшое предостережение: во многих рецептах упомянута пластиковая пленка. Будьте внимательны и используйте только специальную пластиковую пленку для микроволновых печей. Если же вы заворачиваете в такую пленку сочный продукт или если в нем присутствует жидкость, оставьте небольшое отверстие в пленке, чтобы избежать паровых взрывов.

Мы используем понятие «сильный» нагрев для 100 % нагретой печи, «средний» нагрев — для печи, нагретой на 70 % и «слабый» — для 30 % нагрева. В микроволновой печи очень легко передержать блюдо, пережарить его. Чтобы не допустить таких промахов, руководствуйтесь кратчайшим указанным в рецепте временем.

Состав:
Калории **165**
Протеин **5 г**
Холестерол **0 мг**
Жиры **5 г**
Содиум **390 мг**

Питы с овощами

4 порции
Приготовление: 20 минут

большие питы или 4 маленькие	*2*
светлого кунжутного масла	*1 ст.л.*
небольшой зубчик чеснока, раздавить	*1*
куска имбирного корня по 2,5 см, очистить	*2*
свежих грибов, порезать ломтиками или 30 г сушеных грибов, вымочить, отжать и порезать 100 г початков сладкой кукурузы	*60 г*
куржет, порезать полосками	*250 г*
сока лимона	*1 ст.л.*
тамари или 1 ч.л. шойу, смешанного с 1 ч.л. меда	*1 ч.л.*
соли	*0,25 ч.л.*
молотый черный перец	

Завернуть питы в бумажные салфетки и положить в микроволновую плиту, установив регулятор на отметку «сильный» на 30 секунд. Большие питы разрезать пополам, а на маленьких сделать один продольный разрез.

Положить в тарелку чеснок и масло. Выдавить сок из половины имбирного корня прессом для чеснока, измельчить вторую его половину и добавить к маслу и чесноку. Поставить тарелку на 30 секунд в микроволновую печь. Вынуть, добавить грибы, накрыть пластиковой пленкой, оставив незакрытым уголок и поставить в печь при среднем нагреве на 2 минуты. Добавить сладкую кукурузу, снова накрыть пленкой и вернуть блюдо в печь на 2 минуты. Затем положить куржет и поставить в печь, не накрывая пленкой на 1 минуту при сильном нагреве.

Добавить сок лимона, тамари, соль и перец. Разложить овощи в питы.

Выстелить блюдо бумажными салфетками и положить на них питы. Поставить блюдо в микроволновую печь на 1,5 минуты при среднем нагреве. Тут же подавать.

Овощные тартиллы

На 1 порцию:
Калории **100**
Протеин **7 г**
Холестерол **35 мг**
Жиры **5 г**
Содиум **160 мг**

8 порций
Приготовление: 40 минут

Ингредиент	Количество
небольших листьев савойской капусты	8
моркови, очистить и натереть	100 г
сока лимона	1 ст.л.
нежирного творога	250 г
яичный желток	1
плавленого сыра	45 г
сухой горчицы	0,5 ч.л.
картофельной муки	1 ст.л.
молотой корицы	1 ч.л.
листьев базилика, мелко порубить	1 ст.л.
сыра, раскрошить	15 г
мелко порезанной мяты и 8 побегов мяты для украшения	1 ч.л.

Опустить капустные листья на 3—5 минут в кипящую подсоленную воду. Ополоснуть под струёй холодной воды и обсушить бумажными салфетками.

Выложить этими листьями формы для выпечки маффинов. Ножницами обрезать края так, чтобы они не выступали более чем на 2,5 см из формы.

Положить нарезанные куржет в мелкую тарелку и накрыть пластиковой пленкой, оставив незакрытым один угол. Поставить в микроволновую печь на 3 минуты при сильном нагреве, затем откинуть на мелкое сито. Положить тертую морковь на тарелку, добавить несколько капель сока лимона и накрыть пластиковой пленкой. Поставить в печь на 2 минуты при сильном нагреве. Подогреть творог в течение 45 секунд при небольшом нагреве.

Тщательно перемешать творог и яичный желток, а в другом сосуде — плавленый сыр, сок лимона, горчицу и картофельную муку. Соединить обе массы и добавить куржет, морковь, корицу и базилик. Перемешать, чтобы не осталось комочков. Разложить массу в подготовленные формы, посыпать сыром и мятой.

Поставить формы в микроволновую печь. Выпекать 8 минут про небольшом нагреве, меняя формы местами каждые 2 минуты. Проверить, достаточно ли твёрдая середина каждой порции, и если нет, то поставить в печь ещё на 2 минуты. Дать немного остыть и подавать. Украсить побегами мяты по желанию.

Цикорий с овощным пюре

50 порций
Подготовка: 40 минут
Приготовление: 1 час

На 1 порцию:
Калории **60**
Протеин **2 г**
Холестерол **0 мг**
Жиры **2 г**
Содиум **90 мг**

моркови, очистить и порезать	300 г
апельсин, выдавить сок, натереть половину кожуры	1
Брюссельской капусты	350 г
картофеля, вымыть, обсушить и наколоть вилкой в нескольких местах	350 г
плавленого сыра	175 г
молотого кориандра	1 ч.л.
белого перца	0,25 ч.л.
соли	0,75 ч.л.
масла фундука	1 ст.л.
молотого миндального ореха	0,25 ч.л.
небольшой пучок петрушки, мелко порубить	1
головки цикория	4

Сложить морковь и кожуру апельсина на блюдо и полить апельсиновым соком. Неплотно накрыть пластиковой пленкой и поставить в микроволновую печь при сильном нагреве на 8 минут. Вынуть и остудить. Положить Брюссельскую капусту на другое блюдо, полить 4 ложками воды, накрыть пленкой и поставить в микроволновую печь на 6 минут при сильном нагреве. Остудить.

Положить картофель на бумажных салфетках в печь и выпекать 10 минут при сильном нагреве, переворачивая картофелины каждые 2 минуты. Если картофель не станет мягким, вернуть его в печь еще на 2—5 минут. Остудить и очистить кожуру. Миксером превратить морковь в пюре. Добавить 45 г плавленого сыра, белый перец и 0,25 ч.л. соли и снова тщательно перемешать.

Превратить в пюре и капусту, потом добавить масло, миндальный орех и 0,25 ч.л. соли. Положить 30 г плавленого сыра и снова тщательно перемешать.

Растолочь картофель, добавить оставшийся плавленый сыр, соль и петрушку и перемешать.

Разделить листья цикория, промыть и обсушить. Кондитерским шприцем выложить пюре на листья цикория. Тут же подавать.

Острый кокосовый соус с крабами и кукурузные лепешки

8 порций
Приготовление: 30 минут

Состав:
Калории **140**
Протеин **9 г**
Холестерол **30 мг**
Жиры **5 г**
Содиум **260 мг**

пюре из мякоти кокосовых орехов	60 г
несоленого куриного бульона (см. стр. 139)	0,25 л
имбирного корня, очистить и мелко порезать	2,5 см
головок кардамона, раздавить	6
острых перца, разрезать вдоль и удалить зерна (см.стр. 18)	2
корень куркумы, мелко порезать или 0,5 ч.л. молотой куркумы	1
шафрана	1/8 ч.л.
лавровый лист	1
сметаны	5 ст.л.
кукурузной муки	2 ч.л.
сухой горчицы	1 ч.л.
сухого шерри	2 ст.л.
томатной пасты	1 ст.л.
белого крабового мяса, измельчить	125 г
коричневого крабового мяса, измельчить	125 г
тамарийо, очистить, удалить семена и мелко порезать	1
сока лимона	1 ч.л.
соли	0,5 ч.л.
кайенского перца и ещё немного перца для украшения	0,25 ч.л.
кукурузных лепешек	16
тонкие полоски острого перца для украшения	

Смешать кокосы и куриный бульон. Добавить имбирь, кардамон, острый перец, куркуму, шафран и лавровый лист. Поставить на 5 минут в микроволновую печь при небольшом нагреве. Вынуть и процедить через сито. Добавить сметану и тщательно перемешать.

В отдельном сосуде смешать кукурузную муку, горчицу и шерри и добавить к кокосовой смеси. Потом положить томатную пасту и снова всё перемешать.

Поставить в микроволновую печь на 3 минуты при среднем нагреве. Масса должна загустеть и начать слегка пузыриться.

Добавить крабовое мясо и поставить в печь на 30 секунд при среднем нагреве. Потом добавить тамарийо и вернуть в печь еще на 30 секунд. Полить соком лимона и приправить солью и перцем.

Положить кукурузные лепешки по 4 штуки в печь на 1 минуту при сильном нагреве, перевернув через 30 секунд.

Украсить соус полосками острого перца, посыпать кайенским перцем и подавать вместе с кукурузными лепешками.

Канапе с лососем и шпинатом

12 канапе
Подготовка: 25 минут
Приготовление: 30 минут

На 1 канапе:
Калории **90**
Протеин **9 г**
Холестерол **25 мг**
Жиры **4 г**
Содиум **140 мг**

лосося, очистить от кожуры и костей	250 г
яичных белка	2
филе камбалы	175 г
небольшой красный перец, наколоть везде вилкой	1
листьев шпината, удалить стебли, промыть и обсушить	175 г
ломтей хлеба из непросеянной муки	6

Обработать мясо лосося миксером и смешать с 1 яичным белком. Проделать то же самое с филе камбалы. Поставить обе смеси в холодильник на некоторое время.

Завернуть красный перец в бумажную салфетку и положить в микроволновую печь на 4 минуты при сильном нагреве. Переворачивать каждую минуту. Переложить перец в небольшую тарелку. Накрыть пластиковой пленкой и остудить. Затем удалить кожуру и зерна и порезать перец на 12 маленьких ромбиков. Оставить их для украшения.

Положить шпинат на тарелку, накрыть пленкой и поставить в печку на 4 минуты при сильном нагреве. Вынуть, остудить и отжать влагу из листьев.

Взять 2 пластиковые коробки для яиц, выстелить их пластиковой пленкой. В каждое из 12 отделений положить слой подготовленной камбалы, слой шпината и сверху слой лосося. Поставить формы в микроволновую печь на 1,5—2 минуты при сильном нагреве.

Тем временем, слегка поджарить хлеб и вырезать 12 кружков диаметром 4,5 см.

Вынуть рыбу со шпинатом из формочек и положить на хлеб. Украсить кусочками красного перца и подавать.

ПРИМЕЧАНИЕ: эти канапе можно подавать и холодными. В этом случае следует поставить формы с рыбой в холодильник и оформить сами канапе непосредственно перед подачей.

Рулет с арахисом и шпинатом

16 порций
Подготовка: 20 минут
Приготовление: 1 час 20 минут

На 1 порцию:
Калории **45**
Протеин **3 г**
Холестерол **30 мг**
Жиры **3 г**
Содиум **20 мг**

несоленого поджаренного арахиса	30 г
яйца	2
пшеничной муки	20 г
соли	0,25 ч.л.
молотый черный перец	
шпината, стебли удалить	125 г
кукурузной муки	1 ч.л.
нежирного молока	6 ст.л.
сока лимона	1 ч.л.
молотого мускатного ореха	1/8 ч.л.

Вырезать из пергаментной бумаги квадрат со стороной 22 см и выстелить им противень для микроволновой печи.

Измельчить орехи, затем смолоть их. Взбить в пену веничком 2 яйца, добавить половину молотых орехов, муку, соль и немного перца. Тщательно перемешать, чтобы не осталось комочков. Выложить тесто тонким слоем на противень и поставить в микроволновую печь на 2,5—3 минуты при сильном нагреве.

Перевернуть выпеченное тесто на новый лист пергаментной бумаги. Снять старый лист и накрыть третьим, влажным листом такой же бумаги. Скатать рулет так, чтобы лист влажной бумаги оказался внутри и остудить.

Вымыть листья шпината, положить их на блюдо, накрыть пленкой и поставить в печь на 3 минуты при сильном нагреве. Вынуть и отжать как можно больше жидкости.

Налить в глубокую тарелку немного молока и смешать с кукурузной мукой, затем влить оставшееся молоко. Поставить в печь на 1 минуту при сильном нагреве, потом перемешать. Порезать шпинат и опустить его в молоко. Добавить мускатный орех, сок лимона и немного перца. Осторожно развернуть рулет и удалить бумагу. Выложить шпинат тонким слоем на бисквит и снова свернуть рулет. Насыпать немного молотых орехов на бумагу и несколько раз прокатить по ним рулет. Затем завернуть его в пергаментную бумагу и положить в холодильник на 1 час. Нарезать кружочками и подавать.

Картофель с черемшой и бекономIHeader

4 порции
Подготовка: 15 минут
Приготовление: 25 минут

Состав:
Калории **145**
Протеин **8 г**
Холестерол **10 мг**
Жиры **2 г**
Содиум **340 мг**

картофелины примерно по 125 г, очистить, обсушить и наколоть вилкой в нескольких местах	4
постного бекона, обрезать жир и мелко порезать	60 г
черемши, обрезать, очистить (см.стр. 127) и мелко порубить	125 г
нежирного молока	1 ст.л.
молотый черный перец	

Выстелить противень бумажными салфетками, разложить на нем по кругу картофель и поместить в микроволновую печь на 10 минут при сильном нагреве. Перевернуть картофелины через 5 минут. Вынуть из печи и остудить. Положить черемшу и бекон на блюдо и поставить в печь на 3 минуты при сильном нагреве.

Срезать верхнюю часть у картофелин и чайной ложкой вынуть изнутри мякоть, оставив стенки по 5 мм. Перемешать мякоть картофеля с молоком и слегка приправить черным перцем. Добавить черемшу и бекон и все тщательно перемешать. Наполнить полученной массой картофелины, накрыть крышками и поставить в печь на 1 минуту при сильном нагреве. Немедленно подавать.

Глазированные ножки цыпленка

6 порций
Приготовление: 30 минут

На 1 порцию:
Калории **130**
Протеин **14 г**
Холестерол **25 мг**
Жиры **6 г**
Содиум **115 мг**

меда	1 ст.л.
черной патоки	1 ст.л.
соевого соуса	1 ст.л.
уксуса	1 ст.л.
томатной пасты	1 ст.л.
небольшой зубчик чеснока, раздавить	1
имбирного корня, очистить и измельчить	1 см
зеленых соцветий кардамона, раздавить	3
дижонской горчицы	0,5 ст.л.
соли	0,25 ч.л.
кайенского перца	1/8 ч.л.
молотого арорута, растворить в 1.5 ч.л. воды	1 ч.л.
ножки цыпленка по 350 г, снять кожу	6
побеги петрушки для украшения	

Приготовление глазури. Поместить все ингредиенты кроме арорута, ножек цыпленка и петрушки в глубокую тарелку, добавить 5 столовых ложек воды и перемешать. Затем поставить блюдо в микроволновую печь на 4 минуты при сильном нагреве. Оставить постоять 2 минуты и процедить через сито. Добавить аррорут, перемешать и снова поставить в печь на 1—1,5 минуты при том же нагреве. Помешивать или встряхивать каждые 20 секунд, чтобы соус загустел.

Окунуть ножки цыпленка в готовую глазурь и покрыть ровным слоем. Разложить ножки на блюде и поставить в печь на 2 минуты при сильном нагреве. Перевернуть ножки и развернуть блюдо на 45 °. Вернуть в печь еще на 2 минуты, снова перевернуть ножки, развернуть блюдо и полить ножки глазурью. Уменьшить нагрев до среднего уровня и поставить ножки в печь на 4 минуты.

Вынуть ножки из печи и проверить деревянной палочкой или вилкой их готовность. Вилка должна свободно входить в мясо, а косточка — слегка отстать от мякоти. Если ножки не готовы, поставить их в микроволновую печь еще на 2 минуты при среднем нагреве, дать постоять потом 2 минуты и снова проверить готовность. Красиво разложить ножки на блюде, полить оставшейся глазурью, украсить побегами петрушки и подавать.

ПРИМЕЧАНИЕ: *ножки можно положить в маринад на ночь и затем выпекать.*

Говядина с ананасом на шпажке

40 порций
Подготовка: 20 минут
Приготовление: 1 час 20 минут

На 1 порцию:
Калории **20**
Протеин **3 г**
Холестерол **10 мг**
Жиры **1 г**
Содиум **5 мг**

филе говядины	350 г
кунжутного масла	2 ст.л.
соевого соуса	2 ст.л.
зубчик чеснока, раздавить	1
ананас	1

Порезать мясо поперек волокон как можно тоньше. Нарезать тонкими полосками вдоль и несколько раз поперек, чтобы получились кусочки 7,5 x 1 см. Смешать масло, соевый соус и чеснок. Добавить мясо, перемешать. Покрыть блюдо пленкой и оставить мариноваться на 1 час.

Срезать верхушку и донышко ананаса. Очистить кожуру и нарезать мякоть небольшими кубиками.

Обернуть каждый кубик ананаса куском говядины и скрепить шпажкой. Положить кубики на блюдо шпажками наружу и поставить в микроволновую печь на 2 минуты при сильном нагреве, переворачивая каждые 30 секунд.

Подавать.

ПРИМЕЧАНИЕ: *это блюдо можно подавать и холодным.*

Пицца с овощами

4 порции
Подготовка: 25 минут
Приготовление: 45 минут

Состав:
Калории 250
Протеин 12 г
Холестерол 10 мг
Жиры 9 г
Содиум 420 г

сухих дрожжей	0,75 ч.л.
непросеянной муки	175 г
соли	0,25 ч.л.
маргарина	15 г
томаты, порезать на 4 части	3
небольшая луковица, порезать	1
оливкового масла	1 ч.л.
молотый черный перец	
куржет, порезать тонкими ломтиками	1
колечки сладкого красного перца	5
небольших початка сладкой кукурузы	4
грибов, порезать	60 г
сухого орегано	1 ч.л.
сыра Моццарелла, натереть	60 г

Растворить сухие дрожжи, следуя инструкциям производителя. Насыпать муку горкой, добавить соль, маргарин, сделать углубление в центре. Влить дрожжи и замесить тесто. Сформовать шар и положить его в глубокую тарелку, накрыть пленкой и поставить в микроволновую печь на 10 секунд при сильном нагреве. Оставить постоять 10 минут и вернуть в печь. Повторить операцию. Тесто должно удвоиться в объеме.

Приготовление овощей. Положить на блюдо томаты, поместить в микроволновую печь на 1—2 минуты при сильном нагреве, затем очистить кожуру и порезать. Положить лук на небольшую тарелку, полить маслом и поставить в печь на 2 минуты при сильном нагреве. Добавить томаты и приправить солью и перцем.

Сложить куржет, сладкий перец, кукурузу и грибы в небольшую тарелку. Влить 1 столовую ложку воды, накрыть пленкой, оставив 1 уголок открытым и поставить на 3 минуты в микроволновую печь при сильном нагреве. Затем откинуть овощи на дуршлаг.

Положить тесто на слегка присыпанную мукой поверхность и слегка месить 1 минуту, затем раскатать в круг диаметром 25 см. Слегка смазать маслом блюдо подходящего размера и положить на него тесто. Покрыть лепешку томатной смесью, сверху положить остальные овощи и посыпать тертым сыром. Поставить пиццу в микроволновую печь сначала на 10 секунд при сильном нагреве, вынуть, дать постоять 5 минут, вернуть в печь на 5—6 минут при том же нагреве. Дать постоять 5 минут и подавать.

Куриный бульон

2 литра
Подготовка: 20 минут
Приготовление: 3 часа

куриных костей (крылышек, шеек, спинок)	2 — 2,5 кг
моркови, порезать кружками по 1 см толщиной	2
палочки сельдерея, порезать кусками по 2,5 см	2
крупных луковицы, порезать пополам	2
свежие побеги тимьяна или 0,5 ч.л. сухого тимьяна	2
лавровых листа	1—2
стеблей петрушки	10—15
горошин черного перца	5

Положить куриные кости в сотейник и залить водой на 5 см выше уровня костей. Довести до кипения, слегка уменьшить огонь и время от времени снимать накипь. Еще уменьшить огонь и тушить содержимое 10 минут.

Добавить овощи и специи. Если необходимо, добавить воды, чтобы все ингредиенты были бы ею покрыты. Тушить на небольшом огне 2—3 часа, снимая накипь.

Процедить бульон, остудить и поставить в холодильник на ночь. Вынуть ложкой образовавшуюся корку жира.

Тщательно закрытый крышкой бульон может храниться в холодильнике 3—4 дня.

ПРИМЕЧАНИЕ: *к костям можно добавить и потроха. Бульон из крыльев и спинок лучше использовать для соусов и желе.*

Овощной бульон

2 литра
Подготовка: 25 минут
Приготовление: 1 час 30 минут

побега сельдерея с листьями, порезать на куски по 2,5 см	4
моркови, очистить и порезать на куски по 2,5 см	4
крупные луковицы, порубить	4
стебли капусты брокколи, порубить	3
небольшая репа, очистить и порезать кубиками по 1 см	1
зубчиков чеснока, раздавить	6
листьев петрушки, порезать	30 г
горошин черного перца	10
побега тимьяна или 1 ч.л. сухого тимьяна	4
лавровых листа	2

Положить в кастрюлю сельдерей, морковь, лук, брокколи, репу, петрушку и черный перец и залить на 5 см холодной водой. Довести до кипения на среднем огне и снять накипь. Добавить тимьян и лавровый лист. Уменьшить огонь и оставить тушиться 1 час.

Процедить бульон, выдавливая сок из овощей.

Тщательно закрыть крышкой и поставить в холодильник. Бульон может храниться 5—6 дней.

Рыбный бульон

2 л
Подготовка: 15 минут
Приготовление: 40 минут

рыбных костей без плавников и хвостов, кости промыть и порезать	1 кг
луковицы, мелко порезать	2
побега сельдерея, порезать	2
морковь, порезать тонкими ломтиками	1
сухого белого вина	0,5 л
сока лимона	2 ст.л.
побег черемши, очистить, промыть (см.стр.127)	1
зубчика чеснока, раздавить	3
побегов петрушки	10
побега тимьяна или 1 ч.л. сухого тимьяна	4
лавровый лист	1
горошин черного перца	5

Сложить в кастрюлю рыбные кости, лук, сельдерей, морковь, добавить вино. Сок лимона, 2 л холодной воды, черемшу и чеснок (по желанию) и довести до кипения. Уменьшить огонь и тушить, снимая накипь.

Добавить петрушку, тимьян, лавровый лист и черный перец и тушить 20 минут.

Процедить бульон. Тщательно закрыть крышкой и поставить в холодильник. Бульон можно хранить 3 дня.

ПРИМЕЧАНИЕ: *поскольку кости более жирной рыбы дают сильный запах, рекомендуется использовать только кости постной рыбы, например, камбалы или палтуса. Использование рыбной кожи может испортить цвет бульона.*

Словарь

Базилик — трава с сильным ароматом, часто используется в итальянской кухне. Залив листья оливковым маслом и поставив в холодильник в тщательно закрытом сосуде, листья базилика можно хранить до 6 месяцев.

Бальзамический уксус — мягкий уксус с сильным запахом, изготавливается в северной Италии; его обычно добавляют в деревянные бочонки.

Бланшировать — опускать продукт на несколько секунд в кипящую воду.

Бомбуе сесате — индонезийская смесь специй; состоит из куркумы, кориандра, тмина, галангала и лимонной травы.

Брезаола — говяжье филе, выдержанное в соли и высушенное на воздухе. Очень популярно в Ломбардии (Италия).

Брошетт — французское название шпажки. Так же называют и блюда на шпажках.

Бургул (или булгхур) — вид дробленых зерен пшеницы. Зерна выдерживаются на пару и обсушиваются, а потом дробятся.

Вакаме — морские водоросли; используются в японской кухне.

Васаби — японский редис, продается измельченным в муку. При добавлении небольшого количества воды в эту муку получается зеленоватая паста, которую используют при приготовлении суши.

Галангал — коричневый корень, напоминающий имбирный. В Европе используется чаще всего в виде порошка.

Гарам масала — ароматная смесь молотых специй. Используется в индийской кухне. Обычно содержит кориандр, тмин, имбирь и корицу.

Гречневая мука — мука приготовленная из поджаренных зерен гречихи.

Гужоны — небольшие рыбки или полоски из филе рыбы, обваленные в сухарях до жарки.

Дикий рис — растение, напоминающее рис, но в твердой коричневой оболочке. Растет на берегах Великих озер в Америке.

Дублинская креветка (или норвежский омар, лангуст) — крупное ракообразное, обитающее в Атлантике, Средиземноморье и Адриатике. Мясо креветки, особенно в хвостовой части, очень вкусное.

Жюльен — французский термин для овощей или других продуктов, порезанных тонкими полосками.

Икра — крошечные рыбьи яйца; икра также бывает у крабов, омаров и морских гребешков.

Имбирь — острый на вкус корень, используется как приправа в измельченном или молотом виде.

Калории (или килокалории) — точная мера энергии, выделяемой продуктом после потребления.

Кардамон — горько-сладкие зерна растения семейства имбирных.

Кетчуп мани — темный соевый соус, используется в индонезийской кухне.

Козий сыр — сыр, приготовленный из козьего молока.

Кокосовая мякоть обычно высушивается и прессуется в кубики и затем используется при приготовлении блюд.

Кориандр — острые на вкус листья или плоды одного и того же растения. Очень распространен как приправа в восточной кухне.

Красный салат — сорт салата с красными листьями.

Куркума — желтый побег растения семейства имбирных. Используется как пищевой краситель и заменитель шафрана. Обладает горьковатым запахом.

Кумкуат — фрукт, похожий на маленький апельсин с тонкой кожурой.

Кунжутное масло — см. темное кунжутное масло.

Кунжутные зерна — маленькие зерна с ореховым вкусом. Применяются сырыми или слегка поджаренными.

Лимонная трава (или цитронелла) — растение с длинными зелеными побегами и запахом лимона.

Майоран — ароматная трава, напоминающая орегано, но с более слабым запахом.

Мирин — сладкое японское вино.

Морской гребешок — двустворчатый моллюск, который обитает по всему миру и в Атлантике и в Тихом океане. Съедобна икра, молоки и мясо.

Моццарелла — мягкий итальянский сыр, изготовленный из коровьего молока.

Нам пла — соленая жидкость темно-коричневого цвета изготовленная из рыбного отвара и распространенная как приправа в азиатской кухне.

Непросеянная мука — мука, которая содержит все части молотых зерен. Содержит витамин В.

Нори — похожие на бумагу листы прессованных водорослей. Используются в японской кухне.

Острый перец — существуют различные виды более или менее острых перцев, которые содержат масла, вредно воздействующие на кожу и глаза человека. С ними следует обращаться очень осторожно (см. стр. 18).

Плавленый сыр — мягкий сыр, изготовленный из снятого молока. В рецептах используется в смеси со сливками, что дает ему 8 % жирности.

Оливковое масло — масло, изготовленное из оливок особых сортов. Используется для заправки салатов.

Песто — паста, приготовленная из базилика, чеснока, орехов, соли и оливкового масла.

Плантан — фрукт, напоминающий банан, но с зеленой кожурой. Используется в африканской кухне.

Подкисленная вода — небольшое количество лимонного сока, растворенного в большом количестве воды. В нее опускают овощи, чтобы они не потеряли цвет, после того как были очищены.

Проскуитто — слегка соленая итальянская ветчина.

Пунш пуран — смесь тмина, зерен лека и чеснока и зерен горчицы в равных пропорциях.

Радиччио — красный горьковатый итальянский цикорий.

Растительное масло — масло, приготовленное из овощей; содержит много полезных веществ.

Редис дайкон — японский редис с длинными белыми плодами.

Рикотта — мягкий белый итальянский сыр, изготовленный из коровьего или овечьего молока.

Рисовая бумага — прозрачные листы бумаги, изготовленной из рисовой муки и воды. Становится съедобной после попадания в воду.

Рисовый уксус — более мягкий уксус. Существует несколько его разновидностей.

Сливки — используются нежные французские сливки с 35 % жирностью.

Снятое молоко — сильно обезжиренное молоко.

Саке — японское рисовое вино. Вместо саке можно использовать шерри.

Самбал оелек — индонезийский соус из острых перцев; продается в специализированных азиатских магазинах; является отличной заменой свежему острому перцу.

Содиум — питательное вещество, необходимое для поддержания консистенции крови. Основной источник этого элемента для человека — пищевая соль. Избыток содиума может привести к повышенному кровяному давлению, что увеличивает риск сердечных заболеваний. 1 ч.л. соли содержит достаточно содиума для дневного рациона.

Соевый соус — коричневая соленая жидкость с пикантным вкусом, изготавливаемая из соевых бобов. 1 ч.л. соуса содержит 1,030 мг содиума.

Суши рис — короткий японский рис, который после отваривания становится влажным, твердым и клейким.

Табаско соус — острый несоленый соус.

Тахини — паста с ореховым вкусом, приготовленная из молотых зерен кунжута.

Тамари — темный соевый соус.

Тамарилло — фрукт со множеством зерен, напоминает томат, но имеет форму яйца. Используется как томат.

Тамаринд — индийская приправа, которую можно приобрести в специализированных азиатских магазинах.

Тимьян — гибкая трава со слегка фруктовым вкусом и сильным ароматом.

Томатная паста — концентрированное томатное пюре.

Творог используется нежирный, не более 12 % жирности.

Темное кунжутное масло — его производят из поджаренных кунжутных зерен. Используется как приправа.

Тмин — ароматные зерна; используются в качестве приправ в индийской и латиноамериканской кухнях.

Тушить — варить в практически кипящей воде. Поверхность жидкости должна едва подрагивать, а ее температура должна быть примерно 94 °C.

Уксус шерри — полноценный уксус, изготовленный из шерри; его отличительное качество — сладковатый привкус.

Фенхель (сладкий укроп) — трава с приятным анисовым запахом. Используется как приправа и в салатах.

Фета сыр — соленый греческий сыр, изготовленный из козьего или овечьего молока.

Филло тесто — тонкие листы теста, приготовленного из воды и муки. Распространено в Греции и на Ближнем Востоке. Продается свежим или замороженным.

Холестерол — субстанция, напоминающая воск; вырабатывается в человеческом организме и также находится в продуктах животного происхождения. Определенный процент холестерола необходим организму для правильного функционирования, но его переизбыток может привести к развитию опасных заболеваний.

Шафран — сухие желто-красные побеги растения; придают блюду ярко-желтый цвет и пикантный аромат.

Эстрагон — трава со сладким анисовым вкусом. При обработке высокой температурой запах становится более интенсивным, поэтому рекомендуется использовать эту приправу в небольших количествах.

Алфавитный указатель

Абрикосовая и ореховая начинка 96
Анчоусы с томатным соусом 66
Анисовые блинчики с соусом 23
Ароматные фокаччио 124
Базилик и томаты 95
Баранина с бургулом 46

Белый хлеб 10
Булочка с начинкой 115
Бычье сердце на шампурах 101

Галеты из моллюсков 126
Глазированные ножки цыпленка 136
Говядина с ананасом на шпажке 137
Говяжьи сосиски 98
Горячие блюда 55
Гречишные блины с козьим сыром 58
Грибы с артишоками 34
Гужоны с укропом и соусом с корнишонами 82

Дублинские креветки 38

Запеченные устрицы 120

Игольчатые канапе с картофелем 62

Кальцоне 123
Кальцоне со шпинатом и сыром 69
Канапе с аспарагусом 51
Канапе с икрой 25
Канапе с икрой сельди 36
Канапе с лососем и шпинатом 133
Канапе со свининой и сыром 49
Канапе с уткой 52
Канапе с цыпленком 53
Канапе с яйцом и водным крессом 53
Картофель с черемшой и беконом 135
Колечки с беконом и финиками 100
Кольца из кальмаров 42
Кольца с начинкой 95
Кокосовый соус с крабами 132
Коктейль-крутоны 14
Конверты с семгой 78
Креветки с имбирем 74
Крученая индейка 90
Кунжутные крекеры 17
Куриные крылышки со специями 87
Куриные кофта 88
Куриный бульон 139

Лабне коктейль шарики 24
Лодочки с начинкой 97

Маленькие говяжьи сосиски 98
Маффины с мидиями и аспарагусом 119
Мидии на раковине 76
Миниатюрные рулеты 89
Миниатюрные самоса 68
Молодой картофель с сыром Пармезан 66
Морская смесь 45
Морские канапе 51

Овощное заливное 50
Овощное пюре на молодых стручках гороха 33
Овощной бульон 139
Овощные блинчики с йогуртом 63
Овощные тартуиллы 130
Овсяные сырные палочки 16
Овсяные печенья с луком 11
Острый турецкий горошек 56

Палочки с рыбой и цитрусами 35
Палтус по-киевски 83
Паштет из кролика 47
Пикантные печенья 16
Пирог с курятиной и аспарагусом 108
Пирог с морскими продуктами 107
Питы из непросеянной муки 11
Питы с курятиной и апельсином 117
Питы с овощами 138
Пицца-тарталетки 71
Пицца с курицей и грецкими орехами 125
Пицца с тунцом 122
Полумесяцы с рыбной начинкой 84
Попкорн с приправами 57
Претцельз 15

Разноцветные рулеты 106
Розетки с морскими гребешками, лимоном и эстрагоном 41
Рулет с арахисом и шпинатом 134
Розетки с бобами и грибами 31

Рулет из лосося и камбалы со шпинатом 44
Рулеты с беконом и белой рыбой 82
Рулеты с копченой семгой 39
Рулеты с лососем и водным крессом 105
Рулеты с палтусом и лимоном 85
Рулеты с сосисками 99
Рыбная острая закуска 77
Рыбный бульон 139

Свинина с томатным соусом и сладким укропом 48
Сигара Борек с аспарагусом и сыром Пармезан 73
Сладкий лук и куржет с начинкой 67
Сосиски из баклажанов 72
Сосиски из даров моря 86
Соус из авокадо, красного перца и лимона 18
Соус из земляных орехов и специй со свежими овощами 19
Соус из турецкого горошка и йогурта 20
Соус с томатами и анчоусами 66
Суфле куржет 60
Сухое печенье 11
Суши авокадо с оливками и перцем 26
Суши с креветками и морскими водорослями 40
Суши сезам 26
Сырные шарики 14
Сэндвич Провансаль 113

Сэндвич с креветками и чесноком 114
Сэндвич с креветками и крабовым мясом 110
Сэндвич с лососем и авокадо 110
Сэндвич с мясом цыпленка и фигами 111
Сэндвичи с огурцами 104
Сэндвичи с ростбифом и редисом 111

Таитянские конверты 92
Таитянские шампуры 94
Тарталетки из томатов, крабов и баклажанов 70
Тарталетки с начинкой 59
Телятина с орехами, абрикосами 96
Томаты с начинкой 32
Тортеллини с грибами 64
Тортиллы испанские 127
Тортиллы с говядиной и салатом 116
Тост Мельба 11
Тост с грибами 118
Тосты с анчоусами 37
Тосты с козьим сыром 121
Тосты с креветками и кунжутом 80
Тосты с томатами и проскуитто 112
Трехцветные тортеллини с грибами 64

Фаршированные яйца и сельдерей 22
Финики с Брезаола и сыром Моццарелла 25
Фунтики с сыром Фета 61
Фунтики со свининой 91

Хлеб из непросеянной муки 10
Хрустящие платаны 56

Цикорий с овощным пюре 131

Чернослив с диким рисом и индейкой 28

Шарики с грибами и орехами 30
Шарики с начинкой из эскалопа и лимона 78

Иллюстрации

Cover: Chris Knaggs. 4: top, James Murphy; bottom left, Chris Knaggs; bottom right, John Elliott. 5: top, left and right, James Murphy; bottom, Chris Knaggs. 6: Chris Knaggs. 10: Ian O'Leary. 12-13: Martin Brigdale. 14-17: Philip Modica. 18-21: James Murphy. 22: top, Philip Modica; bottom, Taran Z. Photogaphy. 23: Chris Knaggs. 24: Simon Butcher. 25: top, James Murphy; bottom, Chris Knaggs. 27-28: John Elliott. 29: James Murphy. 30-31: John Elliott. 32: Chris Knaggs. 33: John Elliott. 34: Jan Baldwin. 35: James Murphy. 36-39: Chris Knaggs. 40: John Elliott. 41: Andrew Whittuck. 42-45: John Elliott. 46: Philip Modica. 47-48: John Elliott. 49: Chris Knaggs. 50-53: Jan Baldwin. 54-56: Chris Knaggs. 57: Andrew Whittuck. 58: Chris Knaggs. 59: Philip Modica. 60: Jan Baldwin. 61: Chris Knaggs. 62: Jan Baldwin. 63-64: John Elliott. 65: Chris Knaggs. 66: top, Jan Baldwin; bottom, John Elliott. 67: Jan Baldwin. 68-69: John Elliott. 70: Philip Modica. 71: Chris Knaggs. 72: Andrew Whittuck. 73: Philip Modica. 74-75: John Elliott. 76: top, John Elliott; middle and bottom, Taran Z. Photography. 77: John Elliott. 78: Jan Baldwin. 79: Chris Knaggs. 80: John Elliott. 81: Chris Knaggs. 82: Philip Modica. 83: David Johnson. 84: John Elliott. 85: Andrew Whittuck. 86-88: Chris Knaggs. 89: John Elliott. 90: Andrew Whittuck. 91: Chris Knaggs. 92-94: John Elliott. 95: Jan Baldwin. 96: Andrew Whittuck. 97: Philip Modica. 98: top, John Elliott; bottom, Andrew Whittuck. 99: Philip Modica. 100-101: Jan Baldwin. 102-103: Chris Knaggs. 104-105: James Murphy. 106: John Elliott. 107-111: James Murphy. 112-113: Chris Knaggs. 114: James Murphy. 115-116: Chris Knaggs. 117: James Murphy. 118: John Elliott. 119: James Murphy. 120: top, James Murphy; bottom, Renée Comet. 121-122: Chris Knaggs. 123: Martin Brigdale. 124: Jan Baldwin. 125: Chris Knaggs. 126: John Elliott. 127: top, Chris Knaggs; bottom, Taran Z. Photography. 128-138: John Elliott.

Props: The editors wish to thank the following outlets and manufacturers; all are based in London unless otherwise stated. 4: top: china, Fortnum & Mason; 5: top: plate, Hutschenreuther (U.K.) Ltd.; fork, Mappin & Webb Silversmiths; bottom: plate, Villeroy & Boch; 6: china, Hutschenreuther (U.K.) Ltd.; 14 top: plate, Rosenthal (London) Ltd.; bottom: bowl, Royal Copenhagen Porcelain and Georg Jensen Silversmiths Ltd.; 15: plate, Hutschenreuther (U.K.) Ltd.; 16: top: bowl, Rosenthal (London) Ltd.; 17: plate, Rosenthal (London) Ltd.; 18: bowl, Royal Copenhagen Porcelain and Georg Jensen Silversmiths Ltd.; 19: china, Fortnum & Mason; 23: china, Fortnum & Mason; lace cloth, Laura Ashley; 25: bottom: platter, Royal Worcester, Worcester; 30: plates, Hutschenreuther (U.K.) Ltd.; 33: plate, Rosenthal (London) Ltd.; Formica, Newcastle, Tyne and Wear; 34: tablecloth, Osborne & Little plc; 36: tablecloth, Ewart Liddell; 37: china, Hutschenreuther (U.K.) Ltd.; 39: plate, Rosenthal (London) Ltd.; 42: plates, The Mid Wales Development Centre; 46: marble, W. E. Grant & Co. (Marble) Ltd.; 48: pottery, Winchcombe Pottery, The Craftsmen Potters Shop; 50: silver, Mappin & Webb Silversmiths; glasses, Kilkenny; 54-55: pottery, Tony Gant, The Craftsmen Potters Shop; 56: top: napkin, Kilkenny; 58: carpet and plates, Persian Rugs Gallery Ltd.; 59: plates, Spode, Worcester; 66: top: pottery, Clive Bowen, The Craftsmen Potters Shop; 67: china, Hutschenreuther (U.K.) Ltd.; 75: plate, Rosenthal (London) Ltd.; 77: lace cloth, Laura Ashley; 80: plate, Royal Worcester, Worcester; candelabra, Mappin & Webb Silversmiths; 83: plate, Rosenthal; 85: plate, Hutschenreuther (U.K.) Ltd.; 87: china, Fortnum & Mason; 90: platter, Royal Worcester, Worcester; 98: pottery, Winchcombe Pottery, The Craftsmen Potters Shop; 100: plate, Royal Worcester, Worcester; 104: china, Spode, Worcester; cutlery, Mappin & Webb Silversmiths; 105: china, Hutschenreuther (U.K.) Ltd.; spoon, Mappin & Webb Silversmiths; 109: china, Hutschenreuther (U.K.) Ltd.; fork, Mappin & Webb Silversmiths; cloth, Ewart Liddell; 110-111: plates, Royal Worcester, Worcester; 114: plate, Hutschenreuther (U.K.) Ltd.; 118: cutlery, Mappin & Webb Silversmiths; 121: plate, Villeroy & Boch; 123: napkin, Kilkenny; 126: plate, Royal Worcester, Worcester; napkin, Ewart Liddell; 127: top: plate, Micky Doherty, The Craftsmen Potters Shop; 128: marble, W. E. Grant & Co. (Marble) Ltd.; 134: china, Chinacraft Ltd.; 135: plates, Villeroy & Boch; 138: flour jar, Andrew and Jane Young, The Craftsmen Potters Shop.

Благодарность

The index for this book was prepared by Myra Clark. The editors wish to thank: Paul van Biene, London; René Bloom, London; Maureen Burrows, London; Stuart Cullen, London; Jonathan Driver, London; Molly Hodgson, Richmond, Yorkshire; Irena Hoare, London; Lawleys, London; Line of Scandinavia, London; Next Interiors, London; Christine Noble, London; Oneida, London; Elisabeth Lambert Ortiz, London; Perstorp Warerite Ltd., London; Katherine Reeve, London; Sharp Electronics (U.K.) Ltd., London; Jane Stevenson, London; Toshiba (U.K.) Ltd., London.